En La Ruta Al Destino

presentado a ....

....
....
....
....
....
....
....

En La Ruta Al Destino

Anticipando el Viaje al destino

Prisca K. Nambuusi

En la debilidad de cada persona, hay una fuerza oculta.

Copyright © 2015 por Prisca K. Nambuusi
Todos los derechos reservados.
www.prisca-nambuusi.com

Todas las citas bíblicas en esta publicación son de la Reina Valera 1960. El texto Biblico ha sido tomado de la version Reina-Valera © 1960 Sociedades Biblicas en America Latina ; © renovado 1988 Sociedades Biblicas Unidas. Utilizado con permiso. Reina-Valera 1960™ es una marca registrada de la American Bible Society, y puede ser usada solamente bajo licencia.

Todas las definiciones menos que se indique lo contrario, son tomadas de la versión electrónica Conciso Diccionario Inglés de Oxford.

Publicado por Authentic Authors UK, London en 2015
un registro de catálogo de este libro se encuentra disponible en la Biblioteca Británica

ISBN: 978-0-9931951-0-5

Editado y traducido por Sr Patricia
Impreso en Gran Bretaña

Avales

Una visión inspiradora de este libro. Recomiendo altamente este libro.

Este libro está bien articulado y es una buena lectura para alguien en la fe y alguien que está luchando para darse cuenta de que hay más de una persona en una situación. El autor me ha desafiado y me inspiró en mi caminar con Dios y donde estoy. Este libro realmente ha respondido a algunas de mis preguntas internas de por qué ciertos eventos tuvieron lugar en mi vida. En el primer capítulo se ve en la perspectiva del autor de la vida y me había dejado con ganas de saber más sobre el autor. Hay una necesidad de preparación a la hora de destino y es paso a paso hacia la victoria. Prisca, ha capturado a todo todos alrededor de su destino de una manera totalmente nueva y de diferente dimensión. El libro me tiene pensando bien, así es como un libro debe ser y otros lectores serán capaces de definir quienes son en realidad para ayudar a alguien a encontrar su camino. Bien hecho Prisca, estoy muy orgullosa de ti!

~ Evangelista Dorcas Ghaniyat Akeem
(Blogger de God loves single moms)

Contenido

Dedicación i
Prefacio iii
Expresiones de gratitud...v
Introducción 1

UNO El fin desde el principio **9**
Avenida de la existencia de un solo 10
Principios humildes..13
Dios es un Dios de la comunicación 16
Dios es un Dios de preparación 19
El último sacrificio..27
Dios es un Dios de la restauración 29
El fin del pecado...32
Los humildes comienzos de Esther..............................33
La raza humana..34
Resumen para el capítulo uno....................................38

DOS La vida, una prueba de la teoría a libro abierto **41**
El matrimonio es como un coche.................................41
La vida es una prueba de la teoría libro abierto..............45
Las necesidades básicas de un coche.........................50
El espejo retrovisor 58
Su manera o la carretera..58
El conocimiento no es poder (batería)..........................64
Resumen para el capítulo dos.....................................68

TRES No todo es un arreglo rápida! **69**

Práctica no hace perfecto.................................69
Toda la vida...70
En cada carrera hay un ritmo......................................74
Estar a tiempo...76
En cada carrera hay un lugar.....................................80
Resumen para el capítulo tres...................................83

CUATRO Equipo de destino 88

Destino de equipo...88
Resumen para el capítulo cuatro................................92

CINCO Viaje de la vida impulsada por Esther **93**

Existencia de Ester..93
Parabrisas de la fe de Ester......................................94
Su tarea Unida y la vida piadosa.....................99
Resumen para el capítulo cinco 115

Conclusión..117
Sobre el Autor..121
Notas finales..124

Dedicación

Antes de que sea demasiado tarde, aprovecho la oportunidad para agradecer especialmente a mis padres biológicos que Dios ha hecho para ser los vehículos para Sus preciosas y grandísimas promesas. Ellos han trabajado muy duro para mí equimamiento. Mirando hacia atrás, de hecho, ha dado sus frutos, a pesar de las dificultades que han enfrentado. Su trabajo no es en vano. Que Dios selos pague.

Prefacio

El libro de inspiración de Prisca Nambuusi "En el camino al destino" ofrece principios clave que le ayudarán en eucuent ro de sí mismo en un destino que hará significativa a su familia, comunidad, nación, y así como el mundo en su conjunto.

Con sus testimonios personales, que le permitirá consus testimonios personales absorber las estrategias que lo equiparán a superar sus obstáculos en su camino al destino y, en efecto, convertir su debilidad en fortaleza, su dolor en aumento, tu vergüenza a la fama, así como cualquier obstáculo en un milagro.

Es un fascinante enfoque práctico para la conquista de los patrones de mentalidad y de comportamiento que pueden impedir el cumplimiento de su destino. Les recomiendo a Prisca Nambuusi por esta contribución vital para el mundo de la fe, y también se lo recomiendo a todos.

RICHARD APPIAH (REV.)
CITY TEMPLE INTERNATIONAL
CULTURAL CENTRE BRANCH
KUMASI, GHANA

Expresiones de gratitud

Padre celestial, le expreso mi agradecimiento por haberme confiado una tarea preciosa para entregar su palabra y para animar a muchos. Rezo para que la vida de los lectores sean tocadas por usted como resultado de la lectura de este libro.

Un agradecimiento especial a todos los líderes de la Iglesia y los ancianos, que me han guiado en mi caminar con Cristo, en la Alabanza Iglesia Bautista y abundante gracia Centro Cristiano. Papá José y mamá Cecilia. Le doy las gracias por proporcionar una plataforma para que yo pueda continuar mi crecimiento en el ministerio. Me siento verdaderamente bendecida de ser una parte de su ministerio precioso y espero más de la gracia de Dios sobre sus vidas y ministerio.

Doy gracias a mi respetado y querida amiga, Yvonne quien desde hace varios años me ha apoyado en todo de una manera extraordinaria, como sea posible a través de los tiempos difíciles y el bien.

Mis hermanos más queridos, que son y fueron una fuente de inspiración desde el primer día. Me siento honrada de tener a todos ustedes en mi vida. Dios les bendiga!

Excepcionales gracias al equipo que han hecho de este libro una historia en la línea de tiempo de la existencia y todos los que me han apoyado de cualquier manera o forma. Aunque su nombre no se menciona en este libro, que ha tenido un impacto significativo en mi vida que voy a atesorar por el bien mayor.

Introducción

Este estudio pasa por alto y está a favor de Esther, que se ha vuelto más como una historia para el entretenimiento en lugar de una lección de vida, sobre todo cuando se trata de matrimonio y propósito. Esther en el candelero tenía todas sus necesidades satisfechas, incluso después de casarse con un rey irresponsable en un principio. ¿Por qué Dios puede permitir que esto suceda? Cuando los Judios fueron amenazados con la pena de muerte, ¿cómo Esther maneja la situación que enfrentó y cómo podemos aplicar tácticas de Esther en nuestras vidas modernas del día a día?

Cada individuo tiene una experiencia de vida única. Ya es hora de que aprendamos de situación intrigante de Esther (no cuento) con el fin de ayudar a mantener nuestras vidas para satisfacer las necesidades de Dios, más que nuestras propias necesidades. Digo "no historia" porque muchas veces cuando la gente dice "Es una larga historia" que están teniendo para recordar eventos mixtos que implican una experiencia de dolor. Cuando aprendemos a partir de la situación de otra persona que aprendemos acerca de su experiencia que por defecto consiste en un proceso de cambio. El relato de Esther no es del todo un relato de dolor, pero es increíble en términos de cómo funcionaron las cosas en el final.

La gente suele preguntar cómo uno se mete en la posición que se encuentra. Es el *cómo* en ves del *por qué* de que una historia en general se convierte en interesante.

Introducción

Supongo que si Esther viviera para contar su relato de hoy, que no le importaría repetirla a sí misma.

¿Por qué hablar de Esther?

Hay algunos otros personajes notables que han pasado la prueba en la vida y Esther pasa a ser uno de ellos. Su personaje es tan vital como las situaciones que encontró. La mayoría de las personas hoy en día pasa por alto el caso de Esther y se centran en la situación, y luego después se preguntan por qué las cosas no salen bien para ellos. También piensan que es normal permanecer en el mismo lugar, el mismo ciclo y mismo motivo. La Biblia nos anima a crecer. "Sed fecundos y multiplicaos" (Génesis 1:28) por algo o alguien para multiplicar tienen que pasar por un proceso de cambio. Esther, se juntó con otras personas de éxito es el vaso de Dios para llevar a las aspiraciones de Dios. El carácter de Dios nunca cambia, sin embargo, Él todavía nos llama a ser parte de su familia. En el libro de Ester, vemos cómo los sueños y los deseos de Dios se desentrañan hasta el punto de satisfacer las necesidades y deseos de los Judios, así como los gentiles. Su propósito es su regalo envuelto alrededor de su vida y se necesita a Dios para ayudar a desentrañar el plan perfecto para usted. Dios tomó su tiempo para instalar cada detalle de su vida. Para "desentrañar" es para relajarse algo envuelto alrededor de otro objeto. Esto viene a demostrar que su vida es valiosa para Él y su vida requiere manejo cuidadoso como un alfarero experto en la arcilla de moldeo.

En primer lugar entendemos que se han diseñado con un propósito. Hay un propósito para una silla como el resultado de las palabras de un hombre. Podemos aprender de la finalidad y la naturaleza de las abejas. Ellas trabajan muy duro para producir miel y para polinizar los cultivos. Ellas son muy buenas para defenderse a sí mismas y son lo suficientemente valientes para hacer uso de su arma de defensa para protegerse a sí mismas, para que puedan seguir trabajando para contribuir con su parte en la colonia de abejas. Hay un propósito para usted y para mí, como resultado de la palabra hablada de Dios, que cuando aplicamos producimos resultados piadosos y positivos. Uso de la Palabra de Dios significa que podemos defendernos del duro mundo de hoy. Encontramos en Esther que ella tuvo éxito en el cumplimiento de su verdadero propósito y su matrimonio se convirtió en una bendición para la nación y no sólo ella, sus familiares y la comunidad judía.

El universo entero está construido sobre los principios de Dios, que es la Palabra. Cuando Dios habló puso la luz a la existencia, a continuación, se hizo la luz. Si realmente estamos hechos a imagen y semejanza de Dios nuestras palabras que hablamos son muy importantes en la formación de nuestra sociedad. Nuestras palabras pueden conducir a acciones, es por eso que nuestra hermana Proverbios 18:21 nos dice, la muerte y la vida están en poder de la lengua, Y el que la ama comerá de sus frutos.

Introducción

Es claro en este verso que la forma en que nos comunicamos es esencial para nuestras actividades diarias. Si la vida es un viaje, entonces es digno de mirar en detalle lo que implica un viaje. Encontrar las soluciones prácticas a los problemas de la vida puede ser un desafío, pero un desafío que puede dar lugar a resultados que valgan la pena. En este libro, comparto mis experiencias y desafíos de la vida que superé con la ayuda de las escrituras necesarias en un momento de necesidad. A continuación se muestra un resumen de cada capítulo de este título.

El fin desde el principio.

Agregar valor a su vida mediante el establecimiento de normas y la comprensión de la importancia de las fronteras dentro de las relaciones. Aprenda a mejorar sus posibilidades de éxito en el camino a tu destino ordenado por Dios. Vive una vida de arrepentimiento mediante la comprensión de las obras de Cristo y su importancia en su destino.

La vida es un examen teórico y libro abierto.

Cada individuo está diseñado para un propósito, por una razón, para una resolución y para el éxito. En este capítulo, connotan la vida humana a la acumulación de un coche y de sus principales componentes. Descubra cómo usted puede mantener y reparar su destino. También uso la analogía de un atleta que físicamente correr una carrera. La ejecución.

de cualquier raza requiere concentración, el trabajo duro y el compromiso. Descubra cómo usted puede mantener la concentración y estar comprometido en el camino del destino para lograr resultados positivos.

La vida no es una solución rápida.

Entérese de estar a tiempo en el lugar correcto. La gente a menudo se apresuran su camino en la vida sin consultar a Dios mediante la oración. Por el contrario, algunas personas posponen y socavan sus grandes potenciales. Aunque la carrera puede parecer interminable siempre hay tácticas para superar la tentación de renunciar en la vida. Aprender a romper las barreras que actúan como obstáculos para la vida de uno. A veces en la vida, podemos encontrarnos a la deriva en el carril de otra persona o de otro individuo decide adelantar. Una carrera está hecha para correr, no está obligado a ser un ganador. Dios a menudo se refiere a su pueblo como santuario de estar o tiendas de campaña como el templo de Dios; gloria que significa de Dios se revela en nosotros. Dios es todavía capaz de redirigir y nos establece si ese es siempre el caso. El verdadero negocio es cuando aprendemos a confiar plenamente en Dios y estar expuestos a la naturaleza de Dios a través de Su manifestación en nosotros.

Mira que te mando que te esfuerces y seas valiente; no temas ni desmayes, porque Jehová tu Dios estará contigo en dondequiera que vayas. Josué 1: 9 (RVR1960)

Introducción

Construir una red de amigos llamado "Equipo de destino"

Para ejecutar cualquier raza, no implica una animadora o alguien para apoyar el competidor. Esta persona es alguien que motiva y contribuye a su ambición para que tu puedas hacer en la vida. Tener el conjunto adecuado de gente que te rodea es muy importante. Ellos son la red de apoyo para tu progreso para ir muy lejos en la vida y están dispuestos a contribuir sin esfuerzo, a través de materiales y emocionalmente. Su red de apoyo no necesariamente tiene que saber cómo soñar en grande, pero tienen algún tipo de comprensión de la importancia de tus sueños. Además, en el cuarto capítulo, describo brevemente lo que sucede cuando las personas equivocadas están en tu vida. Reconociendo ciertos temas que deben ser tratados es el primer paso para mejorar el rendimiento de tu vida. Aprende a asociar a ti mismo con las personas adecuadas, que te ayudarán a lograr tu propósito dado por Dios. La comunicación regular con el Padre, determina tu relación con todos los demás. Tu carácter te permitirá atender a un determinado grupo de personas que pueden estar pasando por las mismas o similares problemas que tu. Sin embargo, como-personas de mentalidad como la tuya, pueden tener la misma mentalidad que en última instancia puede restringir tu pensamiento fuera de la caja, por ejemplo, se necesitaría otra persona inspiradora que pueda que no esté pasando por lo que tú estas pasando, pero puede ver tu situación desde un ángulo diferente para ayudarie en otras formas que no se pueden esperar. El hombre cojo en la Biblia fue uno de los otros hombres cojos hasta que conoció a Jesús. El hombre cojo había cambiado su concepto de "no poder caminar", en un "Yo puedo hacer todas las cosas a través de Cristo". Había estado en el mismo lugar por mucho tiempo y en ese mismo lugar se levantó creyendo en una palabra hablada con él por Cristo Jesús.

Viaje de la vida impulsada por Esther

El capítulo final es una serie de acontecimientos que tuvieron lugar en la carrera de Esther de la vida. Este capítulo examina las tácticas de Esther y su actitud general hacia diferentes situaciones. Esther pasó por dificultades, pero ella todavía fue capaz de mantener su fe en Dios en todo. Si Dios tiene fe en nosotros, entonces debemos tener fe en Él también.

Yo deseo que tú seas guiado por la luz de la verdad y crezcas en fuerza espiritual y emocionalmente. Nadie está sólo, en sentirse sólo y en algún momento de la vida, los planes de Dios para tu vida deben ser dados a la luz para disfrutar de la plenitud de la alegría que Jesús habló en Juan 15:11. Sacar el máximo partido de este libro. Con el fin de disfrutar de la plenitud de la alegría y de los beneficios de ser un hijo de Dios, uno debe aceptar a Cristo, que es capaz de hacer lo que no podemos hacer. Dejar de lado todo lo que está

Introducción

molestando y pedirle al Señor Dios en el cielo para el perdón de tus pecados reconociendo que tu eres un pecador y crees en tu corazón que Él ya ha lavado tus pecados antes de que se lo pidas. Confiesa con tu boca que Cristo resucitó de entre los muertos para salvarte. Personalmente, invitar a Cristo en tu vida como el Señor de tu alma y dale permiso para transformarte por amor de su nombre, el nombre sobre todo nombre. Recuerda que debes darle gracias por Su gracia ilimitada en mantenerlo durante todo este tiempo. Gracias Jesús, por morir por mí y por darme la vida eterna. Amén.

¡Felicidades! Si has hecho el paso a orar como se mencionó anteriormente, que ahora está en tu camino a una nueva forma renovada de la vida que depende por completo de El, te apoyas en Cristo y todo lo que se menciona en este libro está dedicado a tí como un hijo de Dios Vivo.

UNO

El fin desde el principio

Me desperté temprano una mañana con el impulso y deseo de orar, agradeciendo a Dios por el nuevo día y un lienzo fresco para empezar el día. Inmediatamente después de orar, el Señor hizo una pregunta que me confundió. "Prisca, ¿te acuerdas cuando fuiste a la escuela dominical como un niña pequeña?"

Le dije: "sí." Y continuó ... "¿y tú recuerdas cómo no te gustaba la escuela dominical porque estabas avergonzada por ser siempre la última en encontrar los versículos de la Biblia?"

Le dije: "Sí Señor lo recuerdo como si fuera ayer." "Bueno, yo sé que no te gustaba pero que era Yo todo el tiempo. Tu madre te animó a ir porque te estaba preparando para dónde te diriges ahora ".

Inmediatamente me puse a llorar y lloré como un propio bebé. El Señor tenía más que decir, pero las lágrimas simplemente continuaron rodano por mi cara. Me quedé sorprendida de

UNO El fin desde el principio

tener un verdadero Padre que es el Rey, quien se encargó de mí todos esos años atrás. Yo ya le conocía como "Nuestro Padre Celestial", pero no hasta ese punto. Entonces me acordé de la Escritura de que Dios habló a Jeremías personalmente.

Porque he aquí que yo convoco a todas las familias de los reinos del norte, dice Jehová; y vendrán, y pondrá cada uno su campamento a la entrada de las puertas de Jerusalén, y junto a todos sus muros en derredor, y contra todas las ciudades de Judá. (Jeremías 1: 5).

Ahora sé que todo el mundo ha nacido para estar en la mente de Dios. Dios está interesado en cada mínimo detalle de tu vida. Hasta el numero de cabellos en tu eabeza los ha numerado.

La avenida de la existencia de uno

Al honrar a nuestros padres, reconocemos que Dios usa nuestros padres como guía para nuestro destino, ya sean creyentes o no. Naturaleza y características de Dios pueden ser revelados por lo que hacen, porque nuestros padres están hechos a imagen y semejanza de Dios. Es esa pequeña medida de gracia dado a cada persona al nacer que nos convertimos nutrientes, deseando lo mejor para nuestros hijos, ya que Dios nos amó primero.

En La Ruta Al Destino Por Prisca Nambuusi

Imagínate dar a luz a niños que crecen con el tiempo en la creencia de que no hay tal cosa como los padres y que no existen los padres, o que dicen otras personas que no creen que vinieron de mamá o papá, pero sólo aparecieron en el aire como un bebé. No tiene mucho sentido en absoluto. Hay tanta evidencia alrededor como las fotos de la bebé, los juguetes viejos, los recuerdos y amigos de la familia que pueden haber presenciado el nacimiento de tan poco como un día de edad. Todo esto para demostrar que no solo aparecemos en el aire. El vientre de una mujer es la avenida en la que un niño está naciendo y que es el principio de que Dios ha puesto, no hay otra manera. Del mismo modo, cuando vemos el trabajo práctico de Dios por medio de nuestro entorno, las personas con las que Dios nos coloca, tu carrera, incluso a la creación misma de que ningún hombre crea para sí mismo, son todas las pruebas de la naturaleza divina de Dios. Su deseo es que tu prosperes y el verdadero deseo de los padres es que su hijo o hijos hagan bien, al igual que el mismo Dios nos ha mandado en Josué 1: 8.

Nunca se apartará de tu boca este libro de la ley, sino que de día y de noche meditarás en él, para que guardes y hagas conforme a todo lo que en él está escrito; porque entonces harás prosperar tu camino, y todo te saldrá bien.
(Josué 1: 8.)

La gente tiene sus propias experiencias con sus padres o tutores. La comunicación con tus padres es única. Los padres que se comunican por teléfono, son capaces de reconocer el tono de sus hijos y el niño reconoce el tono desus padres. El contenido de la comunicación es lo que me fascina más. Cuanto más viejo me hago más me identifico con mis padres. Podemos hablar sobre las últimas noticias, consejos de como ahorrar el dinero y así sucesivamente. Ninguno de ellos se me hubiera ocurrido a mí cuando yo era mucho más joven, por lo que es crucial que desarrollemos en nuestras responsabilidades como hijo de un padre. Del mismo modo, en el cristianismo, todo el mundo tiene su propia experiencia con Dios y eso es lo que hace que la vida sea tan especial.

La comunicación con Dios se basa en el nivel de relación y entendimiento de cada uno con Dios.

Adán caminó con Dios, es decir, que sabía lo que se requería de él. Mientras que Jesús caminaba sobre la tierra, los Apóstoles, le dijeron de al Señor: "Auméntanos la fe!" ¿Por qué? Debido a que estaban ansiosos por seguir adelante y hacer las cosas que Jesús les pidió que hicieran. Hay una necesidad de crecimiento en cualquier relación, por lo tanto, la fe y la responsabilidad trabajan mano a mano.

Principios humildes

Para empezar algo, creo que algo más debe terminar o ser terminado. Según el diccionario de Inglés de Oxford, un "principio" es un momento y el lugar en el que comienza algo. Además, es una existencia inicial, el modelo o el origen en el que se realiza una acción. Las estaciones del año comienzan como terminan la temporada anterior. Creo que cuando nos desprendemos de algo, siempre hay espacio para otra cosa.

En la escuela, yo era buena con las matemáticas cotidianas básicas, pero no tan grande en Matemáticas. Mi madre me diría si yo nunca decidí omitir una pregunta sobre mi tarea y me gustaría pasar un largo tiempo en una pregunta hasta que estaba detrás en clase. Mi profesor hizo todos los intentos para que me ayude en sus horas de almuerzo limitados, pero había poca o ninguna mejora.

Afortunadamente, tuve un muy buen amiga, que era el espectro opuesto a mí misma. pensando en las matemáticas, ella respiraba, comía, dormía e incluso soñaba con las matematicas. Su esperanza era llegar a ser una maestra. ella pasó a ser una buen amiga mía y nuestro tiempo de almuerzo lo pasabamos en hablar de la resolución de ecuaciones y comiendo patatas fritas.

UNO El fin desde el principio

Éramos un equipo de dirección para el éxito y ella yo crecimos con el tiempo para disfrutar de las matemáticas, sobre todo disfruté el hecho de que por primera vez en mucho tiempo me permitió ir a casa de un amiga por un día. ¡Qué lujo!

Dios pone ciertas personas en las primeras etapas de nuestras vidas para ayudarnos con las tareas. Si no proyectos de la escuela entonces, al menos, la asignación celestial asignados a cada persona. Las relaciones funcionan de la misma manera. Lo que mi amiga y yo habíamos estado con el propósito de fortalecer la una a la otra, con el objetivo de comprender y producir resultados positivos. Ella me enseñó a disfrutar de las Matemáticas y aprendió a lidiar con la mente más desesperada y intachable en la clase, como yo en ese momento. Dios verdaderamente nos prepara incluso hasta ahora, por lo que el proceso de nuestro viaje es tan importante como el destino final, nuestros objetivos y nuestras búsquedas en la vida. Cómo me gusta la Escritura que dice:

Acuérdate de tu Creador en los días de tu juventud, antes que vengan los días malos, y lleguen los años de los cuales digas: No tengo en ellos contentamiento; (Eclesiastés 12:1)

En un nido infantil, un niño tan joven como un año de edad, sera motivado a relacionarse con otros y comunicarse con los demás ya que la comunicación es clave para el progreso diario. La clave de la relación de Adán y Eva con Dios era la comunicación.

Cuando nos comunicamos con Dios es porque lo recordamos a pesar de lo ocupado que estemos. El contenido de la comunicación y el resultado de la comunicación son una parte del desarrollo en nuestro caminar cristiano. Aprender de nuestras etapas juveniles vale la pena examinar, ya que Dios nos entrena desde las primeras etapas. Con el tiempo, la conversación entre sí puede cambiar de pedir cosas por hacer, para discutir cómo y cuándo deben hacerse las cosas. Cuando te enfrentas a luchas, es posible que en algún momento de tu vida empezarás a preguntarte cómo sobreviviste incluso a una edad temprana.

Hay principios que Dios nos enseña en nuestras juentudes y que son para recordarlos. Por ejemplo, cómo gastamos nuestras finanzas a temprana edad refleja cómo elegimos para pasar nuestras finanzas en el futuro. Hemos de ser educados en estas áreas en una etapa temprana para que nuestro gasto futuro sea brillante.

UNO El fin desde el principio

Dios es un Dios de la comunicación

Las relaciones son acerca de aprender y resolver las cosas a partir de una decisión, al igual que tomar la decisión de aprender un nuevo idioma, en este caso, el lenguaje del amor. Cuando una relación no funciona, por lo general es porque hay poco o nada en lo que se ha trabajado. Tu propósito es el fundamento de todas las conversaciones que mantiene. Establecer y reforzar el propósito o meta para cualquier relación es el primer paso para la construcción de una red. ¿Cuál es el propósito de cumplir con esta persona? ¿Es una confirmación de algo o para revelar algo? ¿Hay una necesidad en la vida de esta persona? ¿Qué tipo de conexiones tienes tu con ellos? Podemos buscar al Padre celestial por el don de discernimiento para entender a los Estados Unidos y el papel que desempeñamos en todo, mientras que la realización de nuestra misión divina en la tierra. Contempla las siguientes preguntas para determinar a dónde vas en la vida:

1. ¿Cuál es el atributo común acerca de cada persona que se comunica con Él? Por ejemplo, te acuerdas de la persona más por una cosa. Tal vez tu recuerdes a la persona por un lugar en particular, la actividad o por medio de otra persona, por lo que la próxima vez que la encuentres lo más probable por de algo que tu le puedes preguntar.

2. Lo que es único acerca de todas las conversaciones que ha acordado celebrar? Una observación particular puede ocurrir más de una vez en una conversación, y otra observación para una conversación completamente diferente con otra persona. La observación es significativa para ese individuo. Es digno de mirar en lo que es como tu encajas en ello.

3. ¿Qué resultados tienen que presentasteis como evidencia física de tu cooperación? ¿Es un resultado positivo? Tu éxito está determinado en tu ausencia. Es alentador ver a otros tener éxito y crecer para alcanzar mayores alturas.

Cuando conocí a mi amiga respetada en la Universidad, inmediatamente me di cuenta de se que estaba aislando a sí misma, y me di cuenta de que era muy trabajadoa y ambiciosa. El primer tema que por primera vez hablamos tenía que ver con los peinados. Teníamos una conexión instantánea y hasta el día de hoy todavía no podemos dejar de hablar sobre el mismo tema, junto con otros temas. Hemos tenido resultados positivos, aprendiendo nuevas técnicas, de como ajustarse a un presupuesto. Cuando conoces a alguien haya una razón para cumplir con esa persona.Dios puede llevar a la persona en tu vida como un paquete reservado para lo que puedes lograr en el futuro. Vemos que esto suceda en los eventos de networking cuando llegan los invitados a hablar sobre sus pasiones con personas de ideas afines.

UNO El fin desde el principio

Ellos no luchan para conectarse entre sí porque son todo lo que hay para el mismo propósito, que es conectarse en negocios inteligentes. Si las conversaciones que se involucran se basan principalmente en el chisme, te sugiero que te mantenga alejado. La Biblia advierte estrictamente contra esto, que no debe ser partícipe de este tipo de actividades.

El hombre perverso levanta contienda,
Y el chismoso aparta a los mejores amigos.
(Proverbios 16:28)

El chisme puede parecer inofensivo al principio, pero puede dejar un efecto desagradable en el futuro y puede incluso afectar a los seres queridos, por lo tanto, la separación de los amigos cercanos. Tu futuro puede ser brillante y otros deben que ver lo mejor de ti. Es importante no pensar en lo más mínimo de una persona o aceptarlos como fracasos porque Dios está trabajando en ellos desde el nacimiento.

Tienen una carrera para correr y también lo hacen ustedes. Es también importante no desanimarse por aquellos que parecen tener todo porque no sabemos su fin. Tus luchas no tienen que durar para siempre.

Nuestra comunicación diaria con Dios nos ayudará en nuestra relación cotidiana con los demás porque reconocemos los atributos comunes que tenemos con Dios, a pesar de que somos seres humanos.

En La Ruta Al Destino Por Prisca Nambuusi

Una relación verdadera se basa en la calidad de la comunicación y saber cómo se comunica Dios, que es esencial si queremos verdaderamente ser sus hijos e hijas. Nosotros, como hijos de Dios somos creados para conocer la voz de Dios, al igual que un niño de responder en obediencia a la llamada de uno de los padres. La desobediencia es el resultado del olvido de las instrucciones de Dios.

En todo el Antiguo Testamento, Dios le concedió los deseos del corazón de su pueblo y Él a menudo les advirtió que no se olvide de su bondad, pero finalmente volvió a hacer lo que ellos sentían que era más cómodo para ellos, sólo para tener sus cosas quitadas por Dios. Dios quiere que nos comuniquemos con Él, incluso nosotros mismos no queremos ser olvidado por Dios Todopoderoso, y, por tanto, es una situación de dos vias al conversar.

Dios es un Dios de preparación

Al observar el Antiguo Testamento, leemos acerca de las muchas consecuencias de desobedecer las instrucciones de Dios. Aunque Él apareció duro, el Antiguo Testamento fue grabado por nosotros, para que pudiéramos aprender de figuras bíblicas. Cuando Dios manda, es por nuestro propio bien y lseguridad.

UNO El fin desde el principio

Dios tenía grandes planes para los hijos de Israel y para que Él tiene planes para ti, ya que es en su interés de crear una familia santa y una nación santa. Abraham fue obediente a Dios cuando le dijo que fuera a sacrificar a su hijo. Se demostró que Abraham amaba a Dios más que a nada y su hijo era una apreciación del amor de Dios. Esta escena es retratado en la venida del Hijo Jesucristo, que fue sacrificado para el mundo Que Él amaba tanto. Es el amor en acción en una exhibición pública. He visto filmaciones de vídeo de un prometido proponer a su pareja potencial, sobre todo en un lugar público para que otros puedan ver y ser testigos. Es un movimiento valiente sobre todo cuando la persona proponente no sabe cómo su ser querido puede reaccionar. La iglesia es la novia de Cristo y llegará un momento en que todos los ojos estarán puestos en Cristo y su amada iglesia como se menciona en Apocalipsis 21: 2. La verdadera esposa de Cristo (la iglesia) se dará a conocer en el gran día del juicio. El mundo puede rechazar la propuesta del amor de Dios, pero Él ha demostrado ser un Dios lleno de misericordia, lleno de fe en nosotros y lleno de amor sin fin, sin importar lo que pasamos.

Muchas personas creen que el Padre Celestial se sienta en su trono durante todo el día y mira a la gente diminutas moviéndose debajo de sus pies. La Biblia nos advierte que no debemos hacer una imagen y semejanza de Él. Creación de una imagen mental de Dios y lo que pensamos que Él sea sólo puede llevar a cabo al engaño y la confusión.

La confusión viene como resultado de una verdad al lado de una mentira. La verdad se ha trazado para nosotros a través de relatos de primera mano de aquellos que caminaban y hablaban con Dios, para que tu y yo podamos conseguir una comprensión del carácter de Dios y más. Al encontrarse con alguien por primera vez, y poco a poco llegamos a conocer a la persona por quienes están más allá de las primeras impresiones. ¿Entonces, qué hace?

1) ¡¡Cuán preciosos me son, oh Dios, tus pensamientos!! ¡¡Cuán grande es la suma de ellos!! Si los enumero, se multiplican más que la arena; Despierto, y aún estoy contigo. Salmos 139:17-18

2) Él trae arroyos de la peña, y hace que las aguas corran como ríos.

Abre ríos en las alturas desoladas y fuentes en medio de los valles ... Salmo 78:16

... Para que vean y conozcan, y adviertan y entiendan todos, que la mano del Señor ha hecho esto, Y el Santo de Israel lo ha creado. Isaías 41: 18-20.

También sabemos lo que
Él hace mediante el estudio de los nombres de Dios.

3) Él opera en la autoridad (Adonai) Salmo 8

UNO El fin desde el principio

4) Su negocio de crear cosas nuevas no terminó después de siete días desde el Jardín del Edén fue creado. Él trae el nuevo nacimiento de un niño. (Elohim) Génesis 1: 1-3, Salmo 68, Marcos 13:19

5) Él ve todas las cosas y conoce todas las cosas. (El Roi) Salmo 139: 7-12, Génesis 16:11

6) Él nos provee de bendiciones. El es la fuente suficiente. (El Shaddai) Génesis 35:11, Salmo 90:2

7) Él está con nosotros (Emmanuel, Dios con nosotros) Isaias 7:14, 8:8-10 ; Mateo 1:23

8) Él mantiene sus promesas. Él es el que mantiene el pacto. (Yavé) Exodos 3:14, Salmo 102

9) Él cura (Yavé Rapha) Exodo 15:25-27, Salmo 103:3, Salmo 147:3, 1 Peter 2:24

10) Él protege, Él es el pastor (Yavé-Rochi) Salmo 23:1-3, Isaias 53:6, Hebros 13:20, revelación 7:17

11) Él purifica, Él es recto (Yavé Tsidkenu) Jeremías 23:5-6; 33;16; Ezekiel 36:26,27, 2 Corintios 5:21

12) Él existe (Yavé) Exodos 3:14, Malaquías 3:6.

¡Guauu! ¡Qué descripción del trabajo! Por ahora nos hemos quejado sobre hacer la tarea por nosotros mismos. Estos son una selección de lo que Dios hace, aunque hay muchos más. Dios es Espíritu está siempre mirando para revelarse a los individuos personalmente, creo que la razón por la que mucha gente, no cree en Dios y Sus señales y maravillas, es porque la verdadera naturaleza de Dios todavía no se revela a ellos, ellos se basan en las noticias de terceros, donde se altera la verdad de alguna manera, de forma similar a lo que ocurre cerca del final del juego de susurros chinos!

Él establece los planes para sus hijos. Es su responsabilidad como nuestro Padre Celestial es para asegurarse de que, no sólo sobrevibamos sino también logremos llegar a ser grandes en la vida. El plan de Dios es y siempre ha sido para restaurar a la humanidad a sí mismo.

Él prometió a los hijos de Israel la tierra prometida, que fluye leche y miel. A veces, las otras tribus llegaron a invadir la tierra y acabarían luchando por la tierra, pero Dios prometió que estaría con los hijos de Israel y que su tierra sería restaurada en su nombre. Los hijos de Israel se quejaron y gemían en el desierto, y les tomó el doble de

UNO El fin desde el principio

tiempo para llegar a la tierra prometida porque no entiendian las obras de Dios.

La Biblia dice en Zacarías 2: 8, que el que toca los elegidos de Dios toca el ojo de Dios. También quería que su propio pueblo dependiera totalmente de Él para su provisión continua en lugar de depender de los que más tarde los engañaría. Los gentiles finalmente creían que Dios estaba con los hijos de Israel cuando vieron y oyeron hablar a los egipcios que se ahogaron en el Mar Rojo, como resultado de la carga contra los israelitas.

El miedo se fue por toda la tierra, para no cargar contra los elegidos de Dios se convirtió en miedo. Es el temor saludable de Dios que nos hace humildes , como nación , no el temor al hombre.

Nadie puede ser un cristiano simplemente porque sus padres son cristianos. Un cristiano genuino ejecuta los principios de su fe en la palabra de Dios. Supongo que va en decir que es el mismo para otras creencias, pero, en este caso, respetuosos de la palabra de Dios es el acto de seguir sus principios.

Una persona se convierte en Cristiana simplemente porque ella depende de los trabajos finalizados por Cristo Qué hay de los que hacen los trabajos de Cristo y no reclaman ser Cristianos?

Una persona me preguntó si la reina es buena. Era una pregunta tan vaga que la tuve que considerar desde desde muchos angulos diferentes. Qué es tu interpretación de lo bueno? Por la gracia de Dios la escritura viene a la mente.

Sométase toda persona a las autoridades superiores; porque no hay autoridad sino de parte de Dios, y las que hay, por Dios han sido establecidas. Romanos 13:1

Dios pone personas en posiciones más altas para que puedan ser un ejemplo para nosotros, sin embargo, algunas autoridades que elegimos tieneden a descuidar sus posiciones y tomar el turno de la dictadura. En el momento en el que los ciudadanos comienzan a quejarse es el momento en que los ciudadanos se dan cuenta de que ya no pueden confiar en las autoridades para que les de ayuda.

Otra manera de hacer esta pregunta, "es alguien con autoridad lo suficientemente bueno para ir al cielo?" El deseo de Dios es que niguna persona perezca, sin embargo, la relación de la persona con Dios es personal.

Es más fácil confiar en Jesús para llevarte al cielo que a tratar de ir al cielo por tu propia fuerza.

UNO El fin desde el principio

Jesús le dijo: ¿Por qué me llamas bueno? Ninguno hay bueno, sino sólo uno, Dios. Marcos 10:18

Ante todo el bien vence al mal. (Romanos 12:12) Gracias a Dios por Dios!

En segundo lugar, nadie puede ser bueno por él o ella. Repito, nadie es bueno por él o ella. Antes de que Jesús ascendiera al cielo, dijo que enviaria un ayudante (el Espíritu Santo) para enseñarnos.

La descripción del trabajo del Espíritu Santo de Dios está en 1 Corintios 2:10. Honestamente, pídele al Espíritu Santo hoy que te guiará en toda la verdad y el entendimiento. Nadie sabe las cosas de Dios, sino el Espíritu de Dios. Dios merece tu honestidad sobre la hipocresía.

En resumen, una medida de gracia y característica de la naturaleza de Dios está incrustado en el bienestar del hombre desde el principio de la creación.La naturaleza de ser bueno viene de Dios puede vencer el mal y Él se preocupa lo suficiente como para incluso enviar a su único Hijo. Tu eres la solución a tus propios problemas, Dios tiene fe en ti porque te prepara no sólo para sobrevivir sino también a vivir la vida, sin importar la situación. Que el buen Dios convierte tus quejas en oportunidades para activar la solución. Después de todo, Dios es el último solucionador de problemas.

El último sacrificio

Como he mencionado anteriormente para que algo empiece, creo que algo más debe terminar, al igual que las estaciones. Cuando elegimos honrar a Dios, nuestros malos hábitos mueren en nuestro lugar para que podamos vivir. Jesús murió en nuestro lugar para que podamos tener la vida eterna que Dios prometió. En el Jardín del Edén, no había fin a las riquezas y dominio de Adán y Eva. Las circunstancias parecían controlarlos. Ya no no se sentian seguros y necesitaban cubrirse. Adam trabajó muy duro para labrar la tierra. Adam deseaba saber de Dios, después que fue expulsado del jardín.

Adán y su mujer comieron del árbol prohibido y se sentían expuestos. Reconocieron que no eran ellos verdaderamente. Su pecado los expuso y corrieron para esconderse queriendo desesperadamente protejerse de la presencia del Señor. Se escondieron de la verdad. La palabra de Dios sobre el árbol era la verdad. Dios no nos rechaza, pero su poder actúa como el Polo Sur y Polo Norte de un iman, que repele cuando decidimos hacer las cosas a nuestra manera. Adán respondió:

... La mujer que me diste por compañera me dio del árbol, y yo comí. Génesis 3:12

UNO El fin desde el principio

Mi opinión sobre la situación aquí es que Adán tuvo atención de la voz de su mujer, Eva en lugar de la voz de Dios. Adán era responsable de comunicar las instrucciones de Dios a Eva cuando ella había llegado. El pecado es como resultado de la separación de Dios, de los dones de Dios y del propósito para el cual Dios nos salva. (Ver Romanos 6:23) De acuerdo con Adán y Eva, ese sentimiento de culpa tenía que terminar en algún momento. Adam tenía hambre de Dios. Él gimió en la agitación de su anhelo. Se dio cuenta de que Dios es todo lo que necesita para llenar el vacío en su corazón.

Adam tuvo que trabajar muy duro para que labrase la tierra. Nombrar los animales parecía fácil al principio, pero por alguna razón, estaba luchando por hacerlo. Lo que Dios dice acerca de labrar la tierra era realmente cierto en Génesis 3:19. ¿Una persona que trabajar más duro para el dinero cuando él / ella ya está cargado con el dinero? El trabajo duro no tendría que ser por dinero, sino por algo más. En la situación de Adán, ¿acaso no tenian todos los frutos que se le permitió comer? ¿A dónde se fueron los frutos, que tenía que cuando trabajar tan duro con el sudor de su rostro? Su cambio de lugar hizo una diferencia .Él fue expulsado del Este del jardín y no había mas acceso ya al Arbol de la Vida, porque querubines ahora habían guardado el camino. Que seas encontrado en posición vertical en el corazón de Dios.

Dios es un Dios de restauración

¿Que dijo Jesús para cambiar? En el desierto en Mateo 4:3, Jesús, que amó a la Iglesia estaba en ayunas y el diablo lo persuadió a convertir la piedra a pan y comer.

En el Jardín del Edén, Adán, que amaba a su esposa que fue persuadida por el diablo a comer del fruto y comió. Jesús fue tentado de las riquezas del mundo por el diablo en Mateo 4: 8, mientras que Adán fue tentado por la riqueza de la fruta por el diablo en Génesis 3: 6. Jesús fue golpeado despoiado al igual que Adán y Eva fueron despojados, golpeados y robados por las luchas de la vida. ¿Ves el escenario?

Nosotros, como seres humanos requerimos lo siguiente:

1) Cubrir la casa y cobertura espiritual
2) Alimentos y alimento espiritual
3) La limpieza y la limpieza espiritual.
4) riquezas en gloria

Dios nos está preparando para la restauración a través de su hijo Jesús. Es necesario para nosotros para ser restaurados y así Él nos promete vestirnos de su gloria y la justicia como Él vistió a Adán y su mujer con pieles de túnica en Génesis 3:21.

Para escuchar la voz de Dios es conocer el carácter de Dios y Su negocio es llenar ese hambre de Él en nuestras vidas.

UNO El fin desde el principio

Hay un cierto vacío o sensación de vacío que sólo Dios puede satisfacer, más allá de los cigarrillos y el alcohol. El cielo responde cuando oramos por los principios del Reino de Dios a tener lugar en nuestras vidas y en la tierra. ¿Si los hermanos Wright no hubieran observado cómo nunca como las alas de un pájaro operan ,no hubieran podido crear nunca el avión! Habían utilizado los principios de la naturaleza de las alas de un pájaro y lo aplicaron a su creatividad.

La novia vsa blanco para simbolizar pureza, limpiada tan blanca como la nieve y en la imagen y semejanza de Dios. La Escritura nos dice que somos ricos en Cristo quien se convirtio en pobre por nosotros. Que las circunstancias no debeb tener control sobre nosotros, sino que tenemos que tener control sobre ellas.

Entonces la serpiente dijo a la mujer: No moriréis; [5] sino que sabe Dios que el día que comáis de él, serán abiertos vuestros ojos, y seréis como Dios, sabiendo el bien y el mal
Génesis 3:4-5

Eva hubiera hecho lo que hizo Jesús al hablar de lo que Dios le había dicho a Adán, cómo las cosas habrían sido diferentes. Eva se habría resistido al maligno como fue escrito por el discípulo de Jesús en Santiago 4: 7. Además, podría haber respondido de manera similar a cómo Jesús respondió al diablo diciendo: "Está escrito, Adam y yo Eva no vivirá por este fruto por sí solo, sino de toda palabra (instrucción) que sale de la boca de Dios, que no debemos comer de este árbol. "Pero hay un pequeño problema. ¿Podrían las palabras de Dios ser documentadas en ese momento para decir: "está escrito"? Ni siquiera una pluma en la vista.

He mencionado antes que la desobediencia es el resultado de olvidar a Dios y sus instrucciones. Adán tuvo que confiar en su banco de memoria para recordar lo que Dios habló. Esta es la razón por Habacuc 2: 2-3 dice:

...Escribe la visión, y decláraIa en tablas, para que corra el que leyere en ella. ³ Aunque la visión tardará aún por un tiempo, mas se apresura hacia el fin, y no mentirá; aunque tardare, espéralo, porque sin duda vendrá, no tardará. (Habacuc 2: 2-3)

Nosotros como cristianos tendemos a pensar que no tenemos suficiente, pero nuestras pasiones, la determinación, los planes y la visión son un comienzo para salir adelante. Una persona sin visión por lo general sigue el sueño de otra persona, hasta que han encontrado su propio. Dios tiene un plan especial para ti! Ninguna visión en la vida significa la ruta de destino no está clara.

Es importante basar nuestra fe en lo que Dios ha hablado acerca de nuestras vidas, independientemente de lo que podemos estar pasando. La palabra fue documentada por el bien de ustedes y para ustedes. Alabanzas sean dadas al Señor! Si sabes que has cometido un error enorme en tu vida sólo debes saber que Dios conoce tu corazón, tiene una ruta de escape para ti. Tu trabajo consiste en creer en Aquel

UNO El fin desde el principio

que hace una manera donde no parece ninguna manera. Te beneficiarás de comulgar con personas de ideas afines para ayudarle a recordar el amor de Dios y que se preocupa por ti.

El fin del pecado

Porque de tal manera amó Dios al mundo, que ha dado a su Hijo unigénito, para que todo aquel que en él cree, no se pierda, mas tenga vida eterna. Juan 3:16.

Nuestra prueba de que creemos en Él se encuentra en el siguiente versículo:

Porque no envió Dios a su Hijo al mundo para condenar al mundo, sino para que el mundo sea salvo por Él. Juan 3:17

Mientras que Jesús caminó sobre la tierra, Él vino a cumplir la profecía escrita por profetas anteriores. Si Dios fue profetizado a ti, incluso antes de que nacieras, que son de prosperar, ser fecundos y multiplicaos, entonces ese es tu deber en la tierra. "La energía no se crea ni se destruye, sólo se puede cambiar de una forma a otra." ~ Albert Einstein (ver notas al final de la fuente). Creo que es la misma que nuestra energía al pecado que ha sido transferida a Cristo para llevarla en nuestro nombre. La solución definitiva es para los que creen.

Los humildes comienzos de Esther

Las primeras etapas de Esther de su vida se han registrado como detalles esenciales que muestran que Dios había preparado Ester desde el principio, después de haber crecido en una familia judía devota, ya que Dios está en el negocio de hacer una nación Santa. Esther creció como una huérfana, sólo para ser criada por su primo Mardoqueo, quien la trataba como a su propia hija. Su existencia fue un verdadero milagro para los familiares a su alrededor que han ayudado a recaudar de ella. Es cierto que su pasado no puede opacar su futuro. Vamos a mirar en sus etapas de desarrollo de su éxito en el futuro. Dios sigue siendo el mismo y Su ciclo de la creatividad en el jardín del Edén continúa hasta hoy, desde recién nacidos a crear incluso una oportunidad para ti.

Cuando nace un bebé a los padres preparan a la casa con todos los elementos esenciales del bebé. ¿Dónde vas a ir, a quién vas a conocer y en que te convertirás, son parte de la preparación de Dios para ti. Adán existió después de que se hizo el jardín. Adam sabía quién lo creó y caminaba y hablaba con Dios. El ambiente era justo para él.

La raza humana

Tuve el privilegio de conocer a un atleta olímpico británico que fue una inspiración para las generaciones más jóvenes y habló sobre los obstáculos que enfrentó en su vida sólo para hacer una carrera que amaba-Correr! Era un corredor de confianza desde una edad temprana. Cuando la vida se hizo difícil, ella se inclinaba sobre sus aficiones. Es increíble cómo nuestros dones actúan como el cojín para echar mano cuando las cosas se ponen abrumadora. Me dio la oportunidad de hacerle una pregunta que yo no creo que era difícil de contestar en el momento. La pregunta era ... "¿Qué pasaria si las cosas se pusieran tan abrumadoras que decidimos volver a caer en malos hábitos como comer o ser aislado de los demás para el auto-consuelo?"

La sala se quedó en silencio por un tiempo y me sentí mal y un poco avergonzada, incluso para hacer una pregunta así. Sabía que era importante y muchos pueden relacionarse, sin embargo, alguien rompió el silencio con otra pregunta a una opinión. Me fui a casa pensando en mi propia pregunta y la respuesta se hace clic. Cuando los tiempos se ponen difíciles y la tentación de vaciar las tiendas o comer comida chatarra durante todo el día se vuelve casi insoportable, ¿por qué no intentar hacer su propia ropa? ¿O por qué no hacer la pizza que tanto amas y compartela con tus amigos?

¿con tus amigos? Sin embargo, mejor aún, orar. Yo no podría haber pensado en alguna manera mejor de averiguar mi propia pregunta. Dése un reto y se recuerda que los problemas no tienen que durar para siempre. Como 2 Corintios 4:17 diría ...

Porque esta leve tribulación momentánea produce en nosotros un cada vez más excelente y eterno peso de gloria; 2 Corintios 4:17

La carrera no es para siempre. No es un fin. Hay una meta. Un corredor de una raza típica todavía puede tener la tentación de renunciar a correr, pero a causa de mucho entrenamiento y mucha práctica, el atleta podría tener más confianza en el correr la carrera solo que junto a competidores Todo ser humano en el planeta es automáticamente una parte de La raza humana. No estoy hablando sobre el tono de color de la piel y la nacionalidad, pero la carrera de la vida humana. Hebreos 12: 1 dice ...

Por tanto, nosotros también, teniendo en derredor nuestro tan grande nube de testigos, despojémonos de todo peso y del pecado que nos asedia, y corramos con paciencia la carrera que tenemos por delante, Hebreos 12: 1

UNO El fin desde el principio

A veces en la vida, estamos persuadidos a renunciar a nuestros sueños y esperanzas y justo 'tirar la toalla' por así decirlo. Los hijos de Israel sentían la necesidad de volver a lo que eran más cómodo como esclavos en Egipto en lugar de seguir al siervo del Señor, llamado Moisés en algún lugar que parecía el medio de la nada. Lo que no sabían que la tierra prometida no era la medida de lo que pensaban, pero se dieron por vencidos demasiado pronto y que prolongan el viaje. Como esclavos, habrían mantenido ocupados y tal vez se ven recompensados un poco. Sólo sé que cuando su esperanza se acaba, la fe del Señor actúa como un sistema de copia de seguridad para ayudarle a volver a la pista.

Plan de respaldo de Dios trabajó para Jesús y el mismo Espíritu que resucitó a Jesús de entre los muertos, también puede levantar para arriba de todos sus problemas. Nuestra debilidad es Su fuerza y Sus Caminos son más Altos que nuestros caminos.

Es por ello que debemos seguir las instrucciones de Dios cuidadosamente y el Espíritu Santo de Dios se especializa en esta área para guiarnos ya sea por convicción o por medio de nuestro subconsciente. Soportar la tentación y amar a Dios en virtud de los ensayos. La corona del vencedor se otorga a usted en el tribunal de Cristo, ya que ha soportado con entereza para que pueda disfrutar, una apreciación más profunda de la vida eterna en el cielo. Es una carrera llama una carrera cuando sólo hay un competidor? No estamos solos en tu deseo de lo mejor en la vida.

No esperes a ser una versión mejorada de tí mismo, sino más bien vive el presente y se de gran servicio a los demás. Entonces, ¿qué carrera estás corriendo y quién o qué estás tu en contra? ¿Cómo reaccionas en diversas pruebas, como a las quejas amargas? ¿Eres tu el que se queja mucho o con tu experiencia ayudas a otros a solucionar sus problemas? ¿O las sobrellevas tranquilamente sabiendo que el Señor a visto todo lo que tu vas atravesando?

Resumen para el capítulo uno

¿Cuál es el atributo común sobre cada persona con la cual tu comunicas?

Lo que es único acerca de todas las conversaciones que ha acordado celebrar?

¿Qué resultados has alcanzado como evidencia física de su cooperación? ¿Es un resultado positivo?

Debes sabar que has nacido para estar en la mente de Dios.

Su fe con el Padre celestial es única y personal.

No tome la gracia de Dios por sentado. Manténgase alejado del pecado para evitar dificultades. Sus situaciones difíciles pueden ser una bendición en sí mismas para un fin de fortalecer y construir una vida sin miedo, pero temeroso de Dios, al mismo tiempo. Los seres humanos requieren los siguientes, de acuerdo con la situación de Adán y Eva:

1) Cubrir casa y cobertura espiritual

Él promete vestirnos con su gloria y la justicia como Él vistió a Adán y su mujer con la piel de túnicas en Génesis 3:21.

2) Alimentos y alimento espiritual (La Palabra)

Para conocer el carácter de Dios es escuchar su voz y su lenguaje es para llenar el vacío en nuestras vidas.

3) La limpieza y la limpieza espiritual

La sangre de Jesús ha limpiado nuestros pecados de la culpa y la suciedad de nuestros errores, que ya no tenemos que llevar.

4) riquezas en gloria

Somos ricos en Cristo que se hizo pobre por nosotros y que las circunstancias no deberían tener que controlarnos. El nombre de Dios es Santo y lugares que Dios santificó. La santidad de Dios nos revela cuán pecadores somos y lo poco profesionales que somos.

En La Ruta Al Destino Por Prisca Nambuusi

DOS

La vida, una prueba de teoría a libro abierto

El matrimonio es como un coche

Este capítulo es una preparación para la comprensión del propósito del matrimonio de Esther con el Rey. Una relación en general, está destinado y es el vehículo para llevar a propósito y planes de Dios. Esto lo vemos en todo el Antiguo Testamento de las cuentas de Dios por temor a figuras bíblicas. Aarón y Moisés compartían la misma visión, Rut, Booz y muchos más tuvieron un riesgo para llevar a cabo el sueño de Dios para sus vidas, que se extendió a la generación futura. Para ilustrar una pareja pueden desear viajar por el mundo juntos porque tienen la misma visión y sueño para hacerlo. No es bueno para una de quedarse en casa, mientras que el otro está constantemente viajando. Usted necesita un vehículo que será compatible y de utilidad para el usuario. Una pequeña motocicleta no puede llevar a una familia de ocho en un viaje por carretera. Una relación destinada implica compromiso y mantenimiento, así como los gastos de funcionamiento en mantener a la familia de Dios juntos.

DOS La vida, una prueba de teoría a libro abierto

Mi punto es que, como individuos debemos estar preparándonos y estar alerta para cuando tomamos decisiones importantes en la vida. Quién se beneficiará de sus decisiones? ¿Qué legado les vas a dor la siguiente generación? Hay un dicho que dice que "es mejor medir dos veces y cortar una vez que medir una vez y cortar dos veces". "(Ver notas al final de la fuente). El matrimonio es como un coche y se ve atractivo, pero toma investigación y hay que ahorrar para este. Sería un enorme riesgo ahorrar para un coche que no va a durar mucho tiempo. Un coche experto que se especializa en coches vería las muchas ventajas de un coche abandonado. Un automóvil requiere reparación cuando sea necesario antes de su venta a un buen precio. Como la novia de la iglesia de Cristo, sabe que Dios es capaz de utilizar las piezas destrozadas en su vida y restaurar cada herida emocional y física en su vida. El pegamento se llama "amor". No es el amor mundano, pero el amor original de Dios en todo. Un coche no se puede mantener por sí mismo, el propietario del coche debe tomar la decisión consciente para arreglarlo. Una coche desajo abandonado es de más valor a un vendedor porque ve la inversión potencial. Otros pueden simplemente querer llevar el coche abandonado a su plena gloria.

Cuando una persona hace una compra, o bien es porque

están interesados o si hay una necesidad de satisfacer las demandas o ambos. Dios está interesado en ti! Él tiene planes para ti. Hay también demandas que exigen que se cumplan. El mundo necesita, el amor genuino y constructores de paz y la palabra de Dios es la garantía, cuidado y mantenimiento de esa compra. Parece como si muchos quieren omitir el manual e ir directamente al tema para tratar de arreglarlo. ¿Has leído las instrucciones de su teléfono? Podría haber muchos beneficios que usted podría disfrutar de. Sin embargo, las personas dicen a sí mismos que no hay nada más en la vida cuando hay. Debemos tener cuidado de no perder información vital de Dios que ve todo lo que pasamos. Nuestras faltas en la vida se pueden arreglar cuando buscamos al diseñador o fabricante mismo, tu creador, mi creador.

Para cada persona en el planeta, hay otra persona para que él o ella puede ayudar a cumplir su destino. Se necesita a Dios para mantener y regular un plan de este tipo, el inventor de las relaciones y no nosotros. La Escritura dice en Isaías 34: 14-16.

Las fieras del desierto se encontrarán con las hienas, y la cabra salvaje gritará a su compañero; la lechuza también tendrá allí morada, y hallará para sí reposo. 15 Allí

DOS La vida, una prueba de la teoría a libro abierto

anidará el búho, pondrá sus huevos, y sacará sus pollos, y los juntará debajo de sus alas; también se juntarán allí buitres, cada uno con su compañera. 16 Inquirid en el libro de Jehová, y leed si faltó alguno de ellos; ninguno faltó con su compañera; porque su boca mandó, y los reunió su mismo Espíritu. Isaias 34:14-16

Antes de salir a la carretera, debes tener una idea de a dónde quieres ir. Es mejor decidir ahora dónde quieres ir en la vida en lugar de esperar los resultados. Embarcarse en un viaje significa hacer un compromiso. Tener un compañero ayuda a traer más a la mesa. Jesús tuvo la ayuda de sus discípulos, y la ayuda del Espíritu Santo y ofreció enviarlo como nuestro abogado. El camino de la vida está llena de altibajos; al menos, es una señal de que hay progreso. Los baches en la carretera son las luchas de la vida y pueden ser ignorados por elección, pero sería peligroso para acercarse a ellos de esa manera, por lo que no se debe ignoran los reductores de velocidad! ¡Orar! Oremos para que el Espíritu Santo tefortalezca.

En La Ruta Al Destino por Prisca Nambuusi

La vida, una prueba de la teoría de libro abierto.

Como yo estaba creciendo en una Iglesia Católica, la gente me dice que mi vida es una prueba y que Dios me estaba poniendo a prueba. Yo no entendía muy bien qué parte de mi vida era una prueba, pero me sentí suficientemente humilde para asegurarme de que yo tenía mi nombre en el buen libro de Dios. No quiere decir que tuve éxito en el mantenimiento de los Diez Mandamientos, pero lo intenté lo mas que pude. Una prueba es un evento o situación que revela la fuerza o la calidad de alguien o algo. Job fue probado en un momento determinado de su vida. ¿Qué iba a prueba y por qué? Veamos primero a lo general de la practicabilidad de la prueba, para mejorar nuestra comprensión.

Un objeto debe ser capaz de llevar una carga particular, es decir, Una silla debe llevar el peso y el puente de una persona debe llevar la carga de muchos vehículos. Se prueban por su fuerza cuando se aplica presión. Una silla no puede ser capaz de soportar la carga de un camión. ¿Por qué? Debido a que la silla no fue diseñada para la cargar con la camioneta. Es por esto que Dios nunca pondrá en ti más de lo que puede aguantar. Estás diseñado para un propósito que sólo tu eres capaz de gestionar.

DOS La vida, una prueba de teoría a libro abierto

Antes de tomar una prueba de conducción, el candidato debe aprender a relajarse y liberarse de las tensiones. Ellos deben usar la ropa apropiada, que a su vez revela su verdadera actitud. Deben estar a tiempo, equipado y listo para escuchar las instrucciones examinadores con mucho cuidado. Se trata de lo que el alumno sabe y lo que han aprendido de los errores del pasado. Esta misma mentalidad se puede aplicar a nuestras vidas hoy. Antes de que podamos tomar el asiento del conductor de la vida plenamente, debemos aprender los principios de la vida a través de la palabra de Dios como nuestra guía y estudiar para presentarnos aprobados. Vivir la palabra y el reconocimiento de la palabra se reconoce que la autoridad se le ha dado a usted. Otro aspecto de una prueba se ve en la vida de Jesús. La Escritura habla de pruebas y tribulaciones que no va a durar para siempre. He escuchado el término "ensayo y error", en otras palabras, tratando las cosas y ver cuál funciona mejor. Vamos a retroceder a la escena en el Jardín del Edén. Eva enfrentó el juicio y el interrogatorio. Ella fue interrogada sobre quién era realmente, como ella escucha y su relación con Dios.

Pero la serpiente era astuta, más que todos los animales del campo que Jehová Dios había hecho; la cual dijo a la mujer: ¿Conque Dios os ha dicho: No comáis de todo árbol del huerto? Génesis 3:1

Vamos a recordar a Génesis 2: 16,17 para la instrucción original de Dios.

Y mandó Jehová Dios al hombre, diciendo: De todo árbol del huerto podrás comer; 17 mas del árbol de la ciencia del bien y del mal no comerás; porque el día que de él comieres, ciertamente morirás.

Antes de que Jesús recibiera la pena de muerte en nuestro nombre, también fue interrogado sobre quién es Él realmente era. "Tu eres realmente el Rey de los Judios?" Su respuesta fue: "Usted ha hablado con razón". Pero incluso antes de la crucifixión, Pedro se lo pidió que él creía que Jesús era. La verdadera sólo puede haber un Rey por dominio, pero el dominio de la tierra fue creada originalmente para Adán y la familia de Dios, es decir nosotros. En cuanto a Job fue probado por su capacidad de amar a Dios en medio de la crisis. Como amada Trabajo de Dios es el ejemplo de Romanos 8:38. Nada nos puede separar del amor de Dios y el amor vence el mal. Durante nuestros tiempos de prueba, Dios parece estar lejos de nosotros y aprender a confiar en Él y sin Él reconocer sustancias anteriores. La comunicación de Job con Dios dijo algo acerca de su carácter, que era realmente nada sin Dios. Pruebas y ensayos pueden revelar el amor inquebrantable y gracia de Dios más allá de la comprensión humana.

Esther y otras personas en la Biblia pasaron su prueba de la vida con gracia. Echemos un vistazo a algunas de las cosas que hizo Esther.

Esther pasó la prueba de la fe. David tenía un enfoque ligeramente diferente al pasar su prueba, sí que fue a través de obstáculos como un rey para dirigir la nación, pero Dios trajo gente como Nathan que le guiará de nuevo en la dirección de Dios en 2 Samuel Capítulo 12. Era una cuestión de obediencia, David no era perfecto, pero él lo hizo una prioridad para estar siempre cerca del Señor.

Al aprender a conducir es importante seguir las instrucciones del instructor. Si optamos por seguir nuestro propio camino de la conducción, podemos terminar fallando la prueba e incluso retrasar el proceso para llegar a la realización final, que a su vez puede ser puede ser costoso en el largo plazo y el tiempo tiene un gran valor. No tome la gracia de Dios por sentado y recuerda:

De Dios	God's
Riquezas	Riches
Al	At
Sacrifico	Christ's
de Cristo	Expense

Es el trabajo del instructor para asegurarse de que su empresa obtiene una tasa de aprobación excelente. Para estar en el lado seguro, es mejor escuchar a un profesional que ha visto los mismos errores que se hicieron casi todos los días de pensar que podemos hacerlo por nuestra cuenta. Dios ha sido instructor desde el principio. Tomarse tiempo para escuchar a Dios es esencial para mejorar la calidad de vida. Esto se puede hacer a través del ayuno, la lectura de la palabra e incluso permanecer en silencio para escuchar a Dios hablar. Jesús era un Judio, pero Él no siguió la tradición de los Judios. ¿A qué estaba o a quén esta siguiendo? Él dijo,

"De cierto, de cierto os digo: No puede el Hijo hacer nada por sí mismo, sino lo que ve hacer al Padre; porque todo lo que el Padre hace, también lo hace el Hijo igualmente.
Juan 5:19-30

Somos hijos e hijas de Dios, no en la religión o las tradiciones. Las obras de Dios son diferentes a la religión. Los errores del pasado de los demás se documentan por lo que nosotros, como hijos e hijas de Dios pueden evitarlos y pasar la prueba de la vida. Jesús habló a menudo a los príncipes de los sacerdotes y los ancianos y los que le interrogó y citar las Escrituras del Antiguo Testamento. Allí estaba el verdadero valor del Antiguo Testamento todavía podemos captar un atisbo de ese valor, incluso hoy en día.

DOS La vida, una prueba de teoría a libro abierto

¿Se arrepiente de sus errores del pasado? Pídele al Señor su consejo. Él está siempre dispuesto a perdonar y recordar sus pecados.

Las necesidades básicas de un coche

Un conductor
Agua
Aceite
Gasolina
Clave
Motor
Batería
Un conductor

¿Ningún piloto? ¡No vayas! Un coche totalmente equipada no puede moverse sin conductor. No cualquier conductor, pero un conductor experto. Mientras Jesús crecía en estatura, Fue entrenado y educado por sus padres judíos. Jesús vivió en la tierra y entiende los caminos del hombre, así como las formas de su Padre. Él sabía que la vía directa a Dios el Padre y el camino a la vida. Él sabía que la ruta de acceso y el acceso directo a la vida, por lo que las personas pueden recuperar el tiempo perdido. Él habló diciendo: "Yo soy el camino la verdad y la vida." "La verdad os hará libres y usted seréis verdaderamente libres.

"Para conocer la verdad es una cosa, pero vivir la verdad es otra. Podemos evitar una vida de laberinto si tomamos una decisión consciente para seguir ejemplos y orientación de Jesús. También dijo: "Yo soy la luz del mundo". Jesús dijo: "Yo soy la luz del mundo", lo cual significa que era lo suficientemente capacitado para operar los faros de la vida, para que otros usuarios puedan ver su camino en la vida y planificar un futuro mejor para sí mismos.

El agua

El agua es y siempre ha sido una fuente de supervivencia física. En Éxodo 07:17 leemos sobre el Mar Rojo que se transforma en sangre. Podría haberse convertido en algo más, pero creo que fue una demostración de que el agua se convierta en vino en la Cena del Señor y en las bodas de Caná en Juan 4:46 para representar su sangre. Nunca lo menos los egipcios no podían utilizar el agua y el mismo problema puede haber causado una recesión económica. Se va a demostrar que Dios es en verdad poderosa y que todo el poder pertenece a Él.

El agua puede limitar los cambios en la temperatura corporal en calor o ambiente frío; de la misma manera, el agua ayuda a prevenir el coche se sobrecaliente. El agua actúa como un lubricante para los ojos al igual que un coche con los limpiaparabrisas en el parabrisas. El feto en el vientre de la madre también requiere agua, como en

DOS La vida, una prueba de teoría a libro abierto

manera, cuando una persona nace de nuevo en la madurez y la comprensión por el bautismo del Espíritu Santo. El Espíritu Santo simboliza el agua, como se menciona en Génesis 1: 1. El agua es también el medio para el transporte de nutrientes y elimina los productos de desecho y toxinas que el cuerpo humano rechaza, lo que permite la vida total de células saludables. (Para la fuente, consulte la sección de notas). Sin agua, a veces la vida puede parecer seco y vacío o peor hasta que pueda parecer escamosa como si los diferentes aspectos de la vida se han desmoronado. A Dios sea la gloria, porque Él es capaz de restaurar y traer a la vida!

Hechos 22:16 habla de la agente de limpieza perfecta, agua. Hacer uso de las oportunidades de limpieza. El arrepentimiento es el camino a la restauración y la prueba de la fe es el camino a la resistencia. Aunque el viaje puede parecer larga paciencia se forma a través de la prueba de la fe.

Pedro era un pescador profesional que estaba familiarizado con la naturaleza del agua, pero no tenía ni idea de que podía caminar sobre el agua hasta que vio a Jesús hacerlo. En la aparición de Jesús, el concepto de Peter sobre el agua había cambiado de inmediato al cambiar su mente y luego tomar la decisión de caminar sobre el agua. El agua no era el foco principal, pero el creer en la capacidad de hacer lo que Cristo hizo. Pedro habría permanecido tímido y dijo a sí mismo que no puede hacer lo que Jesús está haciendo, en cambio, creía que era capaz de hacer cualquier cosa por medio de Cristo, quien fue el primer ejemplo y fuente de fuerza, así como su animador. Nadie más en el barco que dejó atrás necesitó decirle, 'anda', sino más bien una decisión que tomó en su corazón para perseguir su sueño de hacer lo que parecía imposible. Este fue un paso de fe que pudo haber transformado la manera en que pensaba en todo lo demás.

Algunos están familiarizados con la palabra "arrepentimiento", pero no son capaces de caminar una vida de arrepentimiento. Apocalipsis sin interpretación dificulta la aplicación. Nos arrepentimos porque Cristo simplemente nos ordenó, también porque realmente deseamos cambiar un viejo hábito que se comporta como un obstáculo en nuestra vida. No podemos eliminar los obstáculos pesados nosotros mismos, sino a buscar a Cristo para superarla, porque Su yugo es suave y su carga ligera. La Biblia nos dice que debemos renovar nuestra mente todos los días, por lo que no es sólo una ocasión única, sino también un estilo de vida.

He mencionado antes que el agua es un medio de supervivencia y por lo tanto el arrepentimiento es necesario de acuerdo a las normas divinas.

DOS La vida, una prueba de teoría a libro abierto

Es para limpiar y renovar nuestra mente para sobrevivir a los engaños y trampas de este mundo en que vivimos hoy. Tenemos la tendencia como seres humanos para justificar a nosotros mismos cuando en el mal cuando realmente es Cristo que vino para que podemos ser justificados de nuestros pecados por medio de la fe y creer en Él, por lo que no tendríamos, a pagar el precio por nuestro pecado que es la muerte.

Aceite

El petróleo es otra sustancia que puede traer riqueza a una nación. Somos una nación escogida en el que hemos de prosperar, de acuerdo a la palabra de Dios. Es increíble la cantidad de usos del aceite que hay. Voy a mencionar algunos usos para ilustrar la importancia del petróleo es. El cuerpo humano necesita petróleo para mantener la piel se seque. Hay temporadas en nuestra vida donde nuestro petróleo necesita refrescante. En sentido práctico de un coche, el aceite debe ser de color amarillo y dorado, pero después de algunas veces, puede convertirse en un color negruzco oscuro. Este es el momento en el que destinamos más tiempo para leer la Biblia y obtener una mejor comprensión de la misma. A veces es la etapa de cambio o transición que puede ser incómodo porque no es fácil sensación de vacío.

Es en estos momentos cuando la vida no parecen ir en cualquier lugar y todo lo que necesita es un empujón de parte de Dios, si le permites. Aceite en un coche requiere de recarga constante y control de calidad. ¿Qué te estás alimentando a ti mismo con el? Asegúrese de que sus almas se beneficia de la verdadera alineación de la Palabra y la Palabra prácticamente se aplican a su vida diaria.

Gasolina

La compra de gasolina para su tanque está haciendo una inversión. La gasolina no es buena para nosotros los seres humanos. ¿De qué nos beneficiariamos personalmente? Es perjudicial para nosotros, pero es buena para el vehículo. Nuestro motor de corazón requerirá buena inversión llenándolo con los recursos apropiados. Tenemos que invertir en cosas que nuestro motor de corazón puede beneficiarse, por lo que nos encontramos en pánico, quejándonos y haciendo ruido a Dios como un motor roto. De lo que nos alimentamos nuestro corazón es importante si queremos tener un corazón sano. Nuestro corazón espiritual actúa de la misma manera.

Permitimos que los atributos necesarios que cumplan con el fabricante de guía de la Palabra. Esto significa que las palabras que decimos y lo que creemos en los asuntos sea motor del corazón.

DOS La vida, una prueba de teoría a libro abierto

Cuando Eva fue engañada por el diablo acerea del árbol de la ciencia del bien y el mal, permitió que las palabras que no eran para ella para llenar su motor de corazón. Había abierto la boquilla sólo para darse cuenta que era la gasolina mal (palabras). Necesitamos la buena gasolina, que es la Palabra de Dios hablado y escrito acerca de nosotros, para nosotros. La gasolina incorrecta hará corazones crean que nadie los quiere, cómo no son bendecidos por el pecado pasado (incluso después de que el perdón). Es caro para drenar la gasolina mal. Expensas de Jesús es para drenar el pecado de nuestras vidas.

Llave

He mencionado en el capítulo uno que las claves son a la comprensión. Jesús constantemente hablaba de llaves del Reino. Cuando entendemos acerca de las claves en la tierra, podemos entender llaves del Reino. Las claves deben ser puestas en las manos adecuadas. Adán y Eva tenían las llaves del Reino de Dios. Ellos tenían la autoridad para nombrar a los animales. Las claves de la vida terminaron en las manos equivocadas y Adán y Eva se les prohibió la entrada del Edén.

Motor

Tu eres el motor, la palabra es el gas si quieres ir a algún lugar en la vida! Cuando la palabra no esta en nosotros,

gritamos, hacemos ruido. Al igual que un coche que necesita servicio. Cuando necesitamos información sobre la vida, tenemos que ir a las fuentes correctas. Así que vamos a desentrañar el mapa. Cuando la palabra no está con nosotros, suplicamos, gritamos y lloramos, al igual que un motor de coche cuando se necesita mantenimiento. Tu eres la solución a tus problemas. Hay una fuerza oculta en ti. ¿Qué hubiera pasado si los judios no hubiesen seguido el consejo de Esther y hubiesen ido a beber acohol para aliviarse como su esposo el Rey Ahasuerus (a veces se escribe Xerxes).
¿Hubiera cambiado la situación de Esther? Las personas adecuadas son conocidas por las conversaciones que tienen. El mundo a veces trabaja en los opuestos. La confusión es un resultado de la verdad contra una falsificación.

Tu estas designada para algo mayor. Todo el mundo es diferente en personalidad, pero puede experimentar situaciones de vida similares. Hay aquellos que han estado en el que está a punto de ir.

¿Qué clase de respuesta habría que esperar si le preguntas a alguien cómo llegar a Francia desde Londres cuando no han estado? Una vez que un individuo desarrolla en el interior se convertiría en sabio en cuanto a quién y qué permitimos que suceda en nuestras vidas.

El espejo retrovisor

No siempre podemos culpar al enemigo por nuestros problemas de acuerdo a 1 Corintios 13: 1-6. En Oseas 5:15 dice, porque yo seré como león a Efraín, y como cachorro de león a la casa de Judá. Yo, yo, los arrancaré y se irán; Voy a tirarlos a la basura, destruirlos, y nadie los recuperará.

Dios permite que sucedan ciertas cosas, por lo que podemos ver la cantidad de fe en la aplicación de la Palabra de Dios que tenemos para superar cualquier crisis y que sepa discernir el bien del mal, como en Génesis 3:22. Él habló de este juicio sobre su pueblo, deseaba la disciplina para que su pueblo pueda recibir corrección al dar vuelta a Él para el perdón.

Su manera o la carretera

Antes de salir a su destino que necesita para planificar su viaje. El error que mucha gente hace, es no planificar su vida, sino más bien esperar a que la vida suceda a ellos. Cuando uno permite la vida suceda a ellos, que están tomando grandes riesgos y no pueden valorar su futuro tanto. ¿Qué importancia tiene este viaje para usted? ¿Está equipado? Si no es así, ¿dónde se puede obtener el recurso para tener éxito ¿en la vida? Tan peligroso como el mundo parece, podemos, a su vez, embellecer nuestro entorno, debido a la característica de embellecimiento de Dios que adoptamos desde el principio de la creación. Cuando nace un niño sus padres no han planeado sus rasgos faciales o ADN pero planear un ambiente seguro para el niño, y pueden planear lo que el niño puede llegar a ser en el futuro. Las botellas de leche, la cuna, la ropa y los elementos esenciales necesarios todos necesitan ser planeado. Todo requiere una planificación cuidadosa. La mayor parte de todo lo que necesita saber a dónde va y quién se va con usted. La gente se pregunta por qué algunas cosas no funcionan para ellos, pero funcionan para otros. La palabra de Dios da direcciones sobre el cómo, el qué y dónde, que discutiremos más adelante en este libro.

Luchan porque permiten su actual en torno a hacerlos sin esperanza. El Reino de Dios es tan grande, pero el camino alciclo es estrecho. Jesús también describe el Reino de Dios como la casa de su Padre con muchas mansiones. Imagínense tener que navegar su camino en muchas moradas. Con razón la gente se confunde y se pierde en la vida. Toma las sencillas instrucciones de Nuestro Señor para llevarnos a nuestro lugar de destino. Cuando Dios creó la tierra, vio cómo la tierra no tenia forma pero Él no se desanimó sino que estaba dispuesto a cambiar eso. Por supuesto, el hecho de que era vacía no era una buena cosa, por lo que Él hizo algo al respecto. ¿Que hizo?

DOS La vida, una prueba la teoría a libro abierto

En el principio creó Dios los cielos y la tierra.2 Y la tierra estaba desordenada y vacía, y las tinieblas estaban sobre la faz del abismo, y el Espíritu de Dios se movía sobre la faz de las aguas. 3 Y dijo Dios: Sea la luz; y fue la luz. 4 Y vio Dios que la luz era buena; y separó Dios la luz de las tinieblas. 5 Y llamó Dios a la luz Día, y a las tinieblas llamó Noche. Y fue la tarde y la mañana un día.
Génesis 1:1-5

Dios no llamó a la situación de un desastre sino que simplemente crea lo contrario. Muy pocas personas hacen nada acerca de su situación actual. Es peligroso pensar que el vacío en su vida tiene que seguir siéndolo reconociendo el cambio es el primer paso. Nuestra mentalidad tiene que cambiar para que la situación cambie. Dentro de la debilidad de cada persona, hay una fuerza oculta.

Dios pensó en una escala más amplia. Este iba hacer acerca de la humanidad o se que una planificación cuidadosa era importante. Las muchas hebras de tu cabello a la cantidad de granos de arena en la playa, son una parte del plan preciso de Dios. Un coche no se puede cambiar a menos que el propietario inicial tome la decisión de que lo cambien.

La oración no mueve Dios, pero cambia el orante. Dios nunca cambia y al permitir que Dios nos use como el vehículo por el que vemos su gloria estamos haciendo inicialmente la decisión de cambio, llamado arrepentimiento. Dios no puede ser absorbido por sus pecados, pero está dispuesto tal como eres para perfeccionar te. Él es el mismo ,ayer, hoy y siempre. ¿Por qué no desafiar a Dios con las imposibilidades, para que vuestra fe pueda aumentar?

Nuestras faltas en la vida se pueden fijar cuando buscamos el diseñador / fabricante de sí mismo, su fabricante, mi creador. Tenemos que pensar en grande. Nuestro Dios es un Dios grande. Los que sueñan pequeño, sólo tienen lo suficiente para sobrevivir. Hay más en la vida. Jesús es el Alfa y la Omega, (la primera y la última letra del alfabeto griego). En Inglés, que es el, hoja de ruta AZ, el camino, la verdad de la vida eterna. Guíanos Oh Señor, no caer en la tentación, dirigir tus pasos y nos muestran el camino que debemos seguir. Vamos a acercar a la experiencia con Jeremías. Dios prometió a prosperar Jeremías en el versículo 11 de Jeremías capítulo 29, pero una cosa es segura es que Él no afirmó que el camino iba a ser fácil.

Jeremías fue instruido por Dios para ir a la casa del alfarero en Jeremías capítulo 18. En la casa del alfarero, vio una demostración del alfarero experto haciendo vasijas de barro estropeada. Entonces Jeremías fue instruido para hablar con los hombres de Judá que tenían dos opciones.

Uno de ellos es volver de su mal camino y hacer que sus buenas maneras al ver bien si la casa de Israel tomó la decisión de alejarse del mal, entonces Dios quitaria él desastre que les esperaba.

La segunda opción era seguir haciendo lo malo ante los ojos de Dios al ignorar las instrucciones de la voz de Dios y el desastre vendrá sobre ellos. Dios es tan apasionado por la luz de hablar en el vacío de su corazón, sino que requiere su permiso, su atención y su paciencia. Dios nunca fuerza nada a nadie, por lo que estamos ante decisiones todos los días. Tu puedess optar por seguir llame a tu desastre de un desastre, pero no hay una mejor opción. Si tu estás leyendo esto y tu sabes lo que tu estás enfrentando, lo que parece ser un desastre para ti, lo utiliza como una oportunidad para renovar su pasión por cambiar lo que parece casi imposible Cambiar. Creer que hay una salida. Llegar a un punto en mi vida donde las cosas parecían estancadas.Una cosa que dependía de la otra, y menos que el primer elemento de la lista se movía, me pareció todo lo demás que haga clic en su lugar. Finalmente he tenido suficiente y en vez de quejarme a Dios simplemente me dije: "esta es tu vida que estoy viviendo para ti si así es como tu lo quieras, entonces que así sea!" Había probado la opción reclamante que pasé y supe que eso no iba a funcionar. Yo había llegado a un callejón sin salida y que había quedado sin opciones. No es de extrañar 1 Corintios 1:19 dice esto,

Pues está escrito: Destruiré la sabiduría de los sabios, Y desecharé el entendimiento de los sabios.
1 Corintios 1:19

Cuando me quedé sin opciones, Dios usó a la página en blanco de mi mente para trazar claramente un plan de desvío para mí. Lo que inicialmente dependía de ya no fue capaz de apoyar, en el momento. Llegué a un punto en mi vida en el que ya no dependia del gobierno, los amigos y la familia, sino que puse mi dependencia total en el dador de la vida. Lo que me tomó mucho tiempo para hacerlo, yo era entonces capaz de hacer en un corto período de tiempo y que fui capaz de hacer mejor por el tiempo perdido.

Mi amigo, sus dolores y luchas no son una pérdida de tiempo. Dios permite ciertas luchas en la vida sucedan porque simplemente decidimos aguantar y hasta que nos damos por vencidos hacer frente por nuestra cuenta, podemos invocar el nombre del Señor y ser salvos de este tipo de desastres. Dios puede usar cada parte de ti de una hermosa embarcación, el vehículo para su gloria. Su lío, Dios es capaz de reciclar para un mejor uso. Que el Señor llene tu boca con cosas buenas todos los días vigilia.

¿Por qué no puede Dios acabar de solucionar el problema?

El pueblo de Dios se ofrecieron dos opciones. Bien o mal, izquierda o derecha, la oscuridad o la luz. Terminaron la elección de seguir sus propias decisiones.

Estas decisiones parecen ser la ruta más fácil y rápida para ellos en ese momento, en lugar de la decisión de Dios. Ellos estaban limitando a Dios en cuanto a lo que podía hacer por ellos en un corto espacio de tiempo, lo que no podían hacer sin el consejo de Dios. Un coche no puede dejar de ir al mismo tiempo. La falta de preparación para un cambio era el problema. Entonces, ¿qué pasó cuando ocurrió el desastre? Se quedaron sin salidas como yo lo hice. Sepan que lo que usted llama un desastre es, de hecho, una plataforma para la transformación. Si usted está en una situación difícil, pídale al Señor que le dé el valor para llegar a través de él de forma segura y con cuidado. Él promete en el Salmo 91 que Él está con nosotros en medio de la angustia y que Él nunca nos dejará ni nos abandonará. Nuestros pecados no pueden hacer frente a la soberanía de nuestro Dios, por lo tanto, era Jesús que realmente sabía lo que se sentía al ser abandonado por Dios, porque Él llevó los pecados y aflicciones de la humanidad. Nuestra definición de ser abandonados puede ser incomparables con la experiencia de Jesús en la cruz del Calvario.

El conocimiento no es poder (batería)

¿Y si el conocimiento que obtenemos se basó en una mentira? En el mundo de hoy en día casi cualquier pieza de conocimiento puede pasar fácilmente como verdadero y por lo general funciona para la persona que cree en él, sobre todo si la corriente principal también cree en ella. Eva pasó a comer del árbol prohibido porque creía en un mito que iba a ser más como Dios. Como cuestión de hecho, ella ya se había hecho a la imagen y semejanza de Dios, pero no puede ser más que Dios.

Todo el poder pertenece a Dios, que está lleno de conocimiento. Él es nuestra fuente de luz, como se nos instruye por Cristo para ser la luz del mundo; por lo tanto, no podemos ser grande por nuestra propia fuerza. Imagínate esto; una bombilla de luz no puede encenderse sin una corriente equilibrada o el flujo de la energía (electricidad) que circula a través de él. El flujo equilibrado está en el flujo de la oración y, a su vez, el nivel de la relación determina la oración efectiva con Dios. El poder de hacer más de lo que puedas imaginar está de acuerdo con el poder en la oración, dando sin duda.

Y a Aquel que es poderoso para hacer todas las cosas mucho más abundantemente de lo que pedimos o entendemos, según el poder que actúa en nosotros,...
Efesios 3:20

Adán y Eva pudieron haber puesto su mente en el mercado mundial a través de su mente no estaba para la venta. Jesús vino a comprar de nuevo el poder que habían colocado en el mercado mundial para que usted y yo podamos cosechar los beneficios de una vida verdadera con la oración eficaz y una relación sana con nuestro Padre en el cielo. Esto viene a demostrar que nuestras acciones de hoy, ya sea bueno o malo, pueden afectar a otras generaciones que aún no han nacido. La acción de Adán y Eva afectó a las próximas generaciones aún hoy hasta que podamos creer que a través de Cristo nuestros pecados que habían sido transmitidos genéticamente están lavados.

Sean transformados mediante la renovación de vuestra mente todos los días. Renovar la garantía de prosperidad mediante la lectura de la palabra al día antes de que finalmente pone su mente en el mercado mundial. Echemos un vistazo a la escena en Mateo 21:13. Jesús estaba enojado con la actividad de compra y venta en la casa de Dios. La casa de Dios estaba destinado a ser una casa de oración, pero las mentes de las personas estaban buscando para hacer ganancias y beneficios, que Jesús llamó, la guarida de ladrones. Esto es válido para nosotros. La casa de oración se refiere a nosotros el templo de Dios su morada, llena de oración. La congregación se privó de su comprensión de la palabra, que actúa como garantía para el éxito en la vida.

Su mente no se debe dar al enemigo! Cada mañana, pida al Espíritu Santo, el ayudante de darle los conocimientos adecuados para no apuntalar su día y que le dota de las herramientas necesarias, sobre todo en estos tiempos oscuros. Que la palabra de Dios, que es más cortante que una espada de dos filos acortar cualquier escollos y engaños, para dividir la mentira de la verdad acerca de su vida!

Somos tan rápidos para entrar en situaciones pero no podemos encontrar la manera de salir de una, en la mayoría de los casos. Yo anoto esto a la analogía de la circulación por la autopista, donde hay un montón de salidas, pero sólo una que existe es la más conveniente para usted. Algunas esalidas son mas acomodas por una o más restaurantos o un lugar para tomar un descanso. Cuando finalmente toman la decisión de salir con seguridad podemos entonces alimentamos nuestra alma con la verdad y ser renovados y fuertes de mente para volver en el viaje de la vida.

Jesús se retiró de la muchedumbre numerosas cantidades de veces. Él eligió para pasar tiempo con su Padre Celestial hasta que Él estaba totalmente equipado de nuevo y recibir las visitas de los ángeles para fortalecer Él. La parte más sorprendente de la jornada a la vida no es cuándo ni dónde está, sino más bien, cómo lo hacemos a nuestro destino.

Resumen para el capítulo dos

Tu eres el motor y la palabra es el gas si quieres ir a un lugar en la vida! ¿Cómo la obra terminada de Cristo sido capaz de transformarte?

Vivir la palabra y el reconocimiento de la palabra se reconoce que la autoridad se te ha dado.

Una mentira dicha mil veces podría pasar como verdad. Procura con diligencia permanecer en verdadero camino del Señor.

Dios no llamó a la situación de desastre Simplemente crea lo contrario. ¡Paz! Bienaventurados los pacificadores.

Todo el poder pertenece a Dios. Él es nuestra fuente de suministro de vida y el poder de brillar en el mundo oscuro. No trates de ser grande por tu propia fuerza. Dependerá de la fuente de alimentación!

No trates de ser grande por tu propia fuerza. Incluso Cristo no podía hacer ninguna obra sin el Espíritu Santo. Los ángeles vinieron a Él fortalecerá en el huerto de Getsemaní. La oración no se mueve Dios, pero cambia el orante con el fin de lograr un impacto positivo en la situación actual.

TRES
No todo es un arreglo rápido!

Práctica NO hace perfecta.

Práctica no hace la perfección, pero es la práctica de la paciencia que produce perfección. Te doy un momento para pensar en ésta. Lo que practiques deben ser genuino para que la perfección puede tomar su lugar. Pablo escribió, que los que prácticas de este comportamiento inmoral sería no entrar en el Reino de Dios. Una práctica de algo es repetir o hacer una actividad habitual. Santiago 1:4 dice claramente,

> *Mas tenga la paciencia su obra completa, para que seáis perfectos y cabales, sin que os falte cosa alguna.*
> *(Santiago 1:4).*

Creo que en algún lugar a lo largo de la línea, el mito de que 'la práctica hace la perfección' había perdido su verdadero contenido, puesto que el mundo fue creado por la palabra de Dios. De mis experiencias de sufrimiento, aprendí que practicar la paciencia es el acto de confiar en Dios a través del sufrimiento, por lo que no son demasiado rápidos para salir del paso pero son capaces de avanzar fuera de apuro como en Hebreos 5:9. Por medio de Cristo, somos hechos perfectos, la fuente de salvación para todos los que le obedecen.

Toda la vida

Nuestra vida en comparación con la eternidad es como un vapor que va y viene, dice Santiago 4:14

> *cuando no sabéis lo que será mañana. Porque ¿qué es vuestra vida? Ciertamente es neblina que se aparece por un poco de tiempo, y luego se desvanece.*
> *(Santiago 4:14).*

Sé que vapor generalmente no dura mucho, a veces su difícil decir en qué punto exacto el vapor decide desaparecer sin problemas, porque el aire fresco u otro aroma se apodera. Nuestros años pueden parecer como un de largo plazo, pero ante los ojos de Dios, nuestras vidas son limitadas en comparación con la eternidad.

Nuestros años pueden parecer como un de largo plazo, pero ante los ojos de Dios, nuestras vidas son limitadas en comparación con la eternidad. ¿Y bien? Dios nos da tiempo para fortalecerse y construido para el carácter de Jesucristo. Es la cuidadosa preparación de la novia de la iglesia para el último día. Papel del Espíritu Santo es producir un carácter semejante a Cristo en ti, a través de un proceso de cambio llamado santificación y la purificación del pecado mediante la sangre de Jesús. Cumplimiento a la resolución de año nuevo o el objetivo no es suficiente.

Mencioné anteriormente que es más fácil permitir a Jesús que estaba lleno del Espíritu Santo, para guiarlo al cielo, que para probar y llegar al cielo por sí mismo.

La ley y los profetas eran hasta Juan; desde entonces el reino de Dios es anunciado, y todos se esfuerzan por entrar en él. (Lucas 16:16)

porque Dios es el que en vosotros produce así el querer como el hacer, por su buena voluntad. (Filipenses 2:13).

Hay un procedimiento que debemos seguir y la palabra de Dios es la guía definitiva. Jesús estaba en la tierra por un tiempo limitado. Él tenía un deber y en una asignación. No puedo pensar en cualquier cesión sin una fecha límite o un período de tiempo fijo. Si sabes de uno que desafiarte, escribirme a: info@prisca-nambuusi.com

El Reino de Dios es eterna y el Reino de la tierra es temporal. No es de extrañar gente siempre habla acerca de la vida es corta. Es nuestra oportunidad de obtener la ayuda que necesitamos del autor de la vida sobre la vida. Sus actividades día a día influyen en tu propio ser.

TRES No todoes un arreglo rápido!

Lo qué es importante, pero quén eres es inevitable. Existe una demanda en la horas que pasas viendo la televisión, sobre todo si es una serie, donde están anticipando y esperando participar en el próximo episodio.La familia también exige tiempo. Un miembro de la familia generalmente se espera contribuir de tantas maneras como sea posible, incluso si eso significa detener lo que está haciendo para encontrar a el zapato que se le perdió. Es un acto de auto-menos y un estilo de vida. El Reino de Dios también exige nuestro tiempo y esfuerzo, sobre todo si se nos invita a ser parte de la familia de Dios como hijos e hijas.

El Reino de Dios tiene una visión y un protocolo. Leemos acerca de la gran comisión y la visión de la Nueva Jerusalén, que a mí me suena como un plan que Dios ha establecido para nosotros. Es sólo una cuestión de tiempo, a pesar de que es la eternidad, todavía hay un tiempo fijo para todo. Un tiempo para reír y un tiempo para llorar. Gracias a Dios nuestros problemas no van a durar siempre!

Yo estaba involucrado en un taller y los participantes recibieron un ejercicio para dar instrucciones paso a paso a la otra persona en la forma en que pueden llegar desde una posición de estar echado a una posición de pie físicamente.

Al principio parecía fácil, pero me imaginé lo difícil que era en realidad sobre todo cuando se tenía que hacerse en menos de un minuto. Una palabra equivocada de la instrucción habría retrasado el proceso. He aprendido que no siempre debe ser racional, sino más bien realistas en nuestro enfoque a cualquier toma de decisiones. En estos días, como los seres humanos preferimos las cosas para que sea fácil y rápido. La revolución industrial y el auge de la tecnología es prueba de ello. La gente comete errores en la vida que ellos pueden conducir en el camino equivocado o simplemente pueden tener la necesidad de empezar todo de nuevo. Es importante que manejamos la vida paso a paso; después de todo es una vida. Se requiere paciencia y el examen cuando desenmarañar el plan de Dios. La palabra de Dios es la mejor herramienta para hacer frente a circunstancias de la vida.

Aprendemos de las conductas pasadas de figuras bíblicas sea bueno o malo. Dentro de nuestra debilidad es una fuerza oculta en la que encontramos soluciones a las dificultades de la vida. Moisés era tartamudo sin embargo, Dios lo llamó para hablar ante las naciones. Saul, que más tarde se convirtió en Pablo, era una amenaza para los cristianos, sin embargo, Dios tenía fe en él para llevar el evangelio de la paz. Dios les había preparado para que pudieran depender de la fuerza de Dios en lugar de su propia fuerza. Estamos más familiarizados con nuestros puntos fuertes que pasamos por alto nuestra capacidad en otras áreas. Es el resultado de no reconocer lo que realmente somos y no encontrar el tiempo para buscar a Dios respecto a la vida en una escala más amplia.

TRES No todoes un arreglo rápido!

En cada carrera hay un ritmo

Recuerdo carrera a campo traviesa en Secundaria. Siempre fui la primera de mi clase para terminar las dos vueltas alrededor del campo, a pesar de que yo era pequeña en comparación con la acumulación todos los demás. ¿Cómo podría ser esto? Yo simplemente decidí no perder el tiempo en el vestuario para que pudiera evitar estar en el frío demasiado tiempo y llegar a casa antes de tiempo. Mientras corria, también había desarrollado una técnica particular para ayudar a mantener un ritmo constante a lo largo de las dos vueltas. Mediante la creación de un ritmo de mi respiración yo era capaz de desviar mis pensamientos de los músculos dolorosos, lo que estaba deseando hacer cuando llegué a casa y trabajar en ello. Antes de que me diera cuenta, me había completado las dos vueltas y fue galardonado con un mérito por ser la primera cada semana. Pronto mis competidores comenzaron a recoger en mi técnica y finalmente atrapados por delante de mí. Ninguno de nosotros perdio el tiempo en el vestuario porque queríamos llegar temprano a casa.

Mi punto es que la carrera no es sólo para los competidores que ya tienen éxito, sino también para los competidores con una mentalidad 'prêt-a-go'. La persona más alta de la línea de los candidatos no siempre se puede ganar la carrera. La persona más exitosa se aplica la disciplina y la dedicación mental. La consistencia viene con una estrategia, que puede tomar un tiempo para averiguar, consultamos directamente al Señor por su aceleración. La raza humana no es imposible ganar porque Dios nos prometió a sus dones y su deseo es que destacamos. Cuando nos fijamos en su plan y estrategia para nuestras vidas somos capaces de hacer mucho mayor que lo que nosotros como individuos podemos imaginar.

Ester mantuvo el ritmo de la oración, que sabía lo que significaba el ayuno y ejecutado con la fidelidad y el compromiso. Estaba desesperada por ver a sus judíos entregados y puso toda su esperanza y confianza en el poder de Dios. Ella animó a su equipo a un paso adelante y ganar la carrera juntos. Ha sido una carrera contra el tiempo y una carrera contra el fracaso. Estaba decidida a dejar atrás el fracaso y por pasar sus luchas. De hecho Dios nos hizo ganadores y nos mandó a prosperar. ¿Qué es lo que se desea lograr al final de cada mes o cada año? ¿Su fe agrada a Dios? Tu sabes en la parte más interna de tu ser cuando Dios está contento contigo y tus acciones caen en línea con su palabra.

La palabra 'ordernar' es una palabra interesante. ¿Por qué Dios nos ordena ser exitosos cuando a veces las cosas parecen caer en pedazos? Si nos acercamos a la cuenta de la creación leemos que Dios ordenó que se convierta la tierra con forma y la luz en vez de la oscuridad.

Si Él está en autoridad puede ordenar a toda criatura viviente en el ser (a tomar forma) Nos puede mandar para tener éxito.

TRES No todoes un arreglo rápido!

Dios tiene fe en ti y confía en usted que tiene éxito. Es por eso que la carrera no es sólo para los corredores veloces. Corresponde al disciplinados en mente cuerpo y espíritu. Su compromiso detrás de su éxito hace toda la diferencia. Una vez que las barreras se rompen y limitaciones fallan, usted ha pasado con éxito más allá de lo que más temía y esta fe que agrada a Dios, a su vez, la fe puede ofender a otros oponentes que pueda estar en contra. El enemigo no quiere que usted tenga éxito o que seas feliz en la vida y haría todo lo posible para acabar contigo. Es por esto que Pablo dice en Santiago 1: 2-4

Hermanos míos, tened por sumo gozo cuando os halléis en diversas pruebas, 3 sabiendo que la prueba de vuestra fe produce paciencia. 4 Mas tenga la paciencia su obra completa, para que seáis perfectos y cabales, sin que os falte cosa alguna." (Santiago 1: 2-4)

Su paciencia es la capacidad de confiar en Dios y no en el hombre, a fin de alcanzar después de tu éxito. Su fe es creer en las promesas de Dios que son verdaderas.

Estar a tiempo

Noé fue rechazada cuando recibió una revelación de que la tierra se iba a inundar. Se despertó todas las mañanas, construyó lo que pudo del arca y descansado por la noche. Luego fue el mismo ciclo para el día siguiente y el siguiente, hasta que hubo terminado de construir el arca. Me puedo imaginar la gente escarneciéndole porque el arca de ser tan grande fue construida lejos del agua con el fin de permanecer seco durante el proceso. Noé era un hombre disciplinado; También mostró su capacidad de confiar en Dios. Su gente le podrían haber engañado fácilmente, pero él fue junto con un gran plan de Dios. Connoto la Iglesia de Cristo a un arca cubierta de las tormentas de la vida, como un hogar seguro del caos de la demanda exterior.

Mientras nos preparamos para la venida de Jesús hemos de practicar y confiar en los principios de la palabra de Dios en nuestro caminar día a día. Podemos aprender de los errores peligrosos realizadas por personajes bíblicos, la mayoría de los cuales eran decisiones precipitadas que llevaron a retrasar, es decir, los hijos de Israel que vagaban por el desierto durante 40 años en lugar de cuatro días, fueron gimiendo y no eran lo suficientemente paciente para confiar el Dios de Moisés a causa de las promesas que les esperaban.

Vosotros, pues, también, estad preparados, porque a la hora que no penséis, el Hijo del Hombre vendrá.
Lucas 12:40

Recuperar el tiempo perdido, mi testimonio.

¿Se puede demandar a Dios por su demora en responder a las oraciones? Al escribir este libro, he aprendido que los retrasos en la oración se producen debido a nuestra falta de entendimiento de la oración. Santiago 4: 3 estados,

Pedís, y no recibís, porque pedís mal, para gastar en vuestros deleites. Santiago 4: 3

Aprendí que la obediencia es ciertamente mejor que los sacrificios, y que debemos orar acerca de la raíz de la cuestión en lugar de centrarse en los resultados finales. Su Padre en el cielo realmente ve todo lo que haces y lo recompensa en formas que no se pueden esperar. Grandes compromisos vienen con grandes recompensas.

Me diagnosticaron dislexia adulto en 2012. Empecé a volver a ejecutar mi vida en mi mente. La redacción de ensayos no era mi fuerza, pero yo no lo consideran un gran problema porque tomé el placer de la escritura y el aprendizaje. Mientras que el estudio de un Postgrado Licenciado en Arquitectura Técnica, tuve que volver a sentarse cerca de cinco módulos, lo que significa que tendría que volver a sentarse un año más. Había estado profundamente afligido en el tiempo, especialmente cuando la falta de provisión financiera se añadió al problema.

En La Ruta Al Destino por Prisca Nambuusi

Me di cuenta de que la falta de una regulación financiera no era la raíz del problema. El Señor estaba tan harto como yo estaba, hasta que me di por vencido todo. Con la oración sincera Cerró ciertas puertas en mi vida y empecé a deshacer verbalmente el diagnóstico disléxicos. Anoté que soy más que vencedor y yo creía que ningún obstáculo tenía el poder de mi apodo como fracaso. Él abrió las puertas intelectual es y financieramente y que finalmente pasó todos los módulos con facilidad, un módulo después de del la otro, justo a tiempo para el cierre del año académico. Jesús es verdaderamente mi ayuda, aunque no lo bastante en posesión del título Masters quería sino que elegí para regocijarse con el Postgrado y celebrar mi Maestro, que mantiene el universo y proporciona más allá de mis deseos y necesidades, de manera inesperada. He mencionado antes que las situaciones que no se abordan al principio podrían subir a la superficie más adelante en la vida. Las pequeñas decisiones que tomamos podría construir su camino hacia arriba y tienen otro lugar a donde ir, pero a la superficie. Permite que Dios revela sus planes para su vida y aceptar su corrección en todo lo que hacen. No podemos permitirnos perder la oportunidad de banquete Jesús ha preparado, para presumir de su novia que viene que es tu y yo vamos a celebrar el logro de nuestra misión celestial aquí en la tierra y en el cielo. Considere la preparación de sí mismo como si se tratara de una entrevista.

TRES No todoes un arreglo rápido!

En cada carrera hay un lugar

Creo que el cristianismo se trata de ubicación, así como el tiempo, donde un individuo puede funcionar plenamente en su ámbito asignado de la vida. Otra forma de decir esto es la ubicación de la mente. Una persona que sólo se queja será su propio obstáculo para seguir adelante en la vida. Ellos se han habitado demasiado tiempo en los temas de actualidad Al igual que los hijos de Israel en el desierto. La morada en la positividad de su mente puede ayudar a darle positividad. Nuestro hermano Filipenses 4: 8 dice:

Por lo demás, hermanos, todo lo que es verdadero, todo lo honesto, todo lo justo, todo lo puro, todo lo amable, todo lo que es de buen nombre; si hay virtud alguna, si algo digno de alabanza, en esto pensad.(Filipenses 4:8)

Otra versión dice que habitan en estas cosas. Para habitar es vivir. ¿Dónde se encuentra su mente en este momento? Obtener fuera del camino del pecado por lo que el Señor puede destruir el pecado sin ti en ella. Deje que sus pensamientos e intenciones sean puras al permanecer en Cristo.

Para algunos, se necesita tiempo para desentrañar un regalo; otros se emocionan tanto, cuando se trata de regalos que terminan abriendo el regalo de otro. Y luego descuidan su propio regalo. En otras palabras, ¿está siguiendo sus sueños o sueños de otra persona? Gente renunciar a sus sueños, simplemente porque han permitido a otros o para rebajarlos. Un sueño del tamaño de Dios suele ser difícil para alguien más para sondear mientras que las personas que sueñan pequeña, sólo tendrán lo suficiente para sobrevivir. Lewis Armstrong soñaba con viajar a la luna. Puedo imaginar el tipo de comentarios que podría haber conseguido. "Sí bueno." "Usted? ¿A la Luna? Nunca "." No tiene lo que se necesita para este trabajo "y así sucesivamente, pero Él no se rindió. Al ser la primera persona para llevar a cabo un aterrizaje seguro en la luna significaba que la nueva legislación se tuvieron que hacer, que es una indicación de las barreras rotas de limitación. Las personas a su alrededor se habían comprometido a ayudar a lograr su sueño, porque no habría sido capaz de hacerlo todo por sí mismo. Lewis Armstrong tenía la fe para ir a alguna parte que todos los demás tenía miedo de ir-la luna. La fe de Armstrong es lo que lo mantuvo a pesar de lo mucho que tardaron.

Dios tiene fe en nosotros y necesitamos su fe para mover más rápido en la vida si es necesario. Necesitamos fe para hacer lo imposible, ir a alguna parte que todos los demás tiene miedo de ir a. Necesitamos fe para ver lo que Dios ha preparado para nuestra vida. Pide al Señor que le ayudará con la expansión de su potencial y maximizar su tiempo pasado aquí en la tierra.

TRES No todoes un arreglo rápido!

Resumen para el capítulo tres

La práctica no hace la perfección, pero es la práctica de la paciencia que produce la perfección. Lo que la práctica debe ser efectivo para que la perfección puede ocupar su lugar.

Jesús estaba en la tierra por un tiempo limitado. Tenía un deber y estaba en una misión.

Dios tiene fe en ti y confía en ti que tengas éxito. Es por eso que la carrera no es sólo para los corredores veloces.

¿Qué área de tu vida le dedicas más de tu tiempo?

¿Qué es lo que se desea lograr al final de cada mes o cada año?

Un sueño del tamaño de Dios suele ser difícil para alguien más para comprender. Las personas que sueñan pequeña sólo tendrán lo suficiente para sobrevivir.

Resumen para el capitulo tres

QUATRO
Equipo de destino

Primero primero debe determinar dónde se dirige antes de ir a alguna parte. ¿Dónde se ve al Señor que te llevará este año? Con el fin de llegar a su destino, los cambios deben llevarse a cabo. Un vehículo que pasa a través de está constantemente expuesto a diferentes ambientes y escenarios. Usted es el vehículo equipado para adaptarse a situaciones particulares de la vida con el fin de prepararse para afrontar el futuro. No puede haber un cambio de escenario en su carrera, estilo de vida y las relaciones. Podría significar incluso cambiar la forma de ver su lugar de trabajo, el hogar y otros aspectos de la vida. Tomando el escenario de un vehículo, rompe muelles obligan al conductor a tener un buen criterio para una distancia de freno entre ellos y el coche de delante. Los reductores de velocidad pueden ser bastante un obstáculo para el conductor que desea navegar a través de la vida. Los reductores de velocidad pueden representar las luchas que atravesamos en la vida, para que podamos tomar decisiones cuidadosas. Es una parte de nuestro deber en el camino de la vida, no para tratar de esquivar o hacer un cambio de sentido, pero para ir sobre ellos con cuidado y recibir la victoria en el otro extremo. Romanos 8:28, es una escritura que recité durante los tiempos difíciles.

QUATRO Equipo de destino

Y sabemos que a los que aman a Dios, todas las cosas les ayudan a bien, esto es, a los que conforme a su propósito son llamados. (Romanos 8:28)

Yo amé al Señor, pero no pude entender por qué iba a través de tanto, cuando trataba de terminar la carrera.

No sabia en ese entonces que Dios estaba en el proceso de cambiar mi ruta y mi manera de pensar. A Donde iba no era lo que Dios tenía en mente. Lo quería a Dios pero no podía entender completamente mi propósito en la vida, y así todos estamos llamados de acuerdo a su propósito. Para ser justo no entendía mi propósito y ese era el problema. El propósito no era mi propósito, pero su propósito. Su propósito no era que yo tratara y entendiera, pero entender que su propósito era mi.

Antes bien, como está escrito:Cosas que ojo no vio, ni oído oyó, Ni han subido en corazón de hombre, Son las que Dios ha preparado para los que le aman. m (1 Corintios 2:9)

No creo que lo que podamos entender plenamente el plan maestro general para nuestras vidas, pero puede ser revelada poco a poco. Conocer el plan completo de una sola vez puede ser demasiado abrumador y la tentación para un obstinado autoplan propósito nos puede dar la espalda a

Dios y sus bendiciones para nosotros. Puede se haga su voluntad en su vida!

Nos basamos en los estabilizadores de una bicicleta de niño y cuando crecemos nos damos cuenta de que somos tan capaces sin los estabilizadores. Ahora estamos seguros de que dejar de lado lo que hemos estado llevando a cabo en nuestro apoyo como cuando nos damos cuenta de que Dios es el último apoyo. En caso de que confiar su destino en las manos de alguien que quiere verte fracasar? ¡De ninguna manera! Así que asegúrese de que tiene el conjunto adecuado de equipo a su alrededor. En lugar de depender de los demás, los demás pueden confiar en nosotros para la dirección. Este es el verdadero discipulado y viene con compromiso con el futuro.

Un verdadero discípulo no está centrado en sí mismo, pero se interesa por el bienestar de otra persona y su amor a Dios se refleja en la relación que tienen entre sí. Lo que usted está comprometido a se convierte en una parte de su destino y el Espíritu Santo ayuda a expulsar el miedo al compromiso. Lo que se hace dice mucho de ti que lo que tienes. He mencionado antes que la obediencia es mejor que el sacrificio. Dios sabe cómo llevar lo mejor de ti. Es en medio de tormentas y adversidades de la vida que viene de la palabra. En el momento en clamamos al Señor, es el momento en el que estamos atentos a escuchar la voz de Dios.

Destino de equipo

Tan peligroso como el mundo parece, podemos a su vez embellecer nuestro entorno, contribuyendo positivamente a nuestra comunidad y región. Este entorno puede ser su red social como su lugar de trabajo, los amigos, la familia y el vecindario.

Los aspectos generales de costos son considerados antes de comprar un coche. En algunas contribuciones manera o forma se hacen a los gastos de mantenimiento para la construcción de carreteras, para ayudar a satisfacer las necesidades del conductor y la seguridad en la carretera. Mi punto aquí es que, si se permite que la vida te pase, la gente que te rodea contribuirían de alguna manera o forma y pueden tener una influencia en su toma de decisiones. Contribuir a la vida de otros y satisfacer las necesidades de los demás es lo que realza una sociedad. Esther contribuyó con su tiempo de oración y ayuno en nombre de los Judios y los Judios lo hicieron igualmente, y entonces, al final, hay una bella imagen del pueblo de Dios. que viven en armonía y por temor de lo que los salvó de sus problemas en lugar de tener miedo en los problemas.

Cada individuo necesita un animador, alguien para animar a él o ella sobre. Estas personas son el sistema de apoyo. No es necesario que todo el mundo, a alguien tan elija su alguien sabiamente. Su destino no sólo debe ser construida sobre la amistad sino en la fe. Amigos van y vienen, pero la fe es firme en Cristo. Es fácil estar de desviarse de su verdadero paseo de éxito. Cada uno tiene sus propios carriles o caminos construidos por ellos. Nada debe interponerse en el camino de sus visiones y sueños. ¿Qué pasa cuando no hay nadie para animarte? Estos son los momentos en que se le instó a confiar plenamente en Dios antes que todos los demás. En momentos como este, Dios trae la gente que necesita un cambio importante cuando se está a punto de tener lugar en su vida. Sí, no es fácil sentirse solo, pero en la tranquilidad y la quietud de su corazón se puede escuchar el Espíritu Santo. Usted ya no está distraído y unido a las visiones de la gente, pero ahora está conectado a su visión única, que se vuelve más claro a usted en la quietud. En momentos como este exige un tiempo para ayunar. Se trata de las decisiones que tome por su cuenta y nadie puede tomar la decisión correcta para usted. Es posible, sin embargo, para recibir la confirmación de Dios a través de los demás, mediante la identificación de su naturaleza a través de su discurso y el comportamiento.

En el comienzo del capítulo uno, di mi testimonio sobre mi madre, que me guió. Ella quería que yo supiera la palabra de Dios por lo que con el tiempo puede descubrir a Dios por mí mismo. Con el tiempo he elegido para creer que fui amado por Él cuando nadie más le importaba. Rodearse de gente buena (piadosos). Hace partido de la visión de la otra persona con la suya? ¿Qué tienen en común? Pedir al Señor que le rodean con amigos y familiares piadosos que apoyar y contribuir a sus objetivos y aspiraciones.

Cuando tomamos decisiones sin consultar a Dios en primer lugar, podemos terminar influido por las decisiones de otras personas. Es cierto que todo el mundo necesita consejo. La gente adecuada le dará el asesoramiento adecuado. Trate de preguntar a alguien cómo llegar a España, cuando ellos mismos no han sido. ¿Qué tipo de respuesta se puede esperar?

La única persona que podemos estar seguros de que ha estado en el cielo y para darnos un buen consejo es Jesucristo, que en última instancia se pronunció y dijo: "Todo está cumplido". Había terminado su ruta a través de la vida y es fácilmente capaz de llevarnos a través de esa vía estrecha.

Bienaventurado el varón que no anduvo en consejo de malos, Ni estuvo en camino de pecadores, Ni en silla en la que escarnecedores se han sentado; (Salmos 1:1).

Llegamos a conocer a personas de diferentes maneras, directa o indirectamente. p.ej. Podemos llegar a saber sobre el autor del libro througha que escriben, su estilo y su forma de vida, o por medio de la realimentación de otra persona ya través de los medios de comunicación. Podemos conocer a una persona mediante la comunicación con ellos directamente, haciéndoles preguntas, obtener respuestas y averiguar acerca de sí mismo a través del proceso.

Conocer a Dios directamente, a través de la Palabra de Dios, es el mensaje de Dios directamente a usted. Revela Su naturaleza estilo y carácter. Se da hechos que cambian la vida sobre nuestras vidas. Puede escucharlo hablar en los momentos de silencio y en la oración. Indirectamente Se le conoce por el testimonio de otra persona y lo que Dios ha hecho por ellos, a través de profetas, maestros y evangelistas.

Aprendemos que su deseo es tener una relación con nosotros: primero antes de cualquier persona. En muchos casos puede depender de cada uno y Dios usa diferentes circunstancias para moldearnos. Trabajando a través de las personas le da acceso a Dios para hacer milagros. Aunque no somos perfectos, eso no lo para y nos muestra su Goria a pesar de todo.

Resumen para el capítulo cuatro

¿Quién o qué tiene la mayor influencia en su vida? El gobierno, los maestros o tus amigos?

Pedir al Señor que le rodean con amigos piadosos que apoyen y contribuyan a sus objetivos y aspiraciones.

Nuestro Padre en el cielo quiere una relación con usted primero antes que nadie.

Nadie debe desalentar, pero que pueden elevar el punto de que en la dirección de Dios. Conociendo el carácter de Cristo como nuestro ejemplo de vida nos ayudará a discernir lo que es de Dios y lo que no es de Dios.

CINCO
Viaje de la vida impulsada por Esther

Existencia de Esther

Me he centrado este capítulo simplemente en el estudio del libro de Ester, ya que es un conocido libro centrado en el tema de destino y propósito. características piadosas de Ester tira a través de ella y se destacaban entre la multitud. Por ejemplo, un entrevistador quiere saber qué hace una persona diferente de entre el resto de los solicitantes que también están aplicando para el mismo papel en el mismo puesto de trabajo. Esther representó a su futura Ella era el vehículo para llevar a cabo el plan de Dios para su comunidad y no sólo a sí misma. El nombre de Esther en hebreo significa "estrella" y qué hacen las estrellas? Ellos brillan. Ester se puso fuera de su situación oscura porque la luz de la sabiduría de Dios estaba en ella.

Ella fue el primer punto de contacto a un mundo moribundo en ese momento y lugar determinado. A pesar de que Esther se casó con un rey irresponsable, el rey finalmente vio las bendiciones de casarse con una mujer de Dios y estas bendiciones vástago del Jardín del Edén, donde se inició por primera vez el propósito del matrimonio. Jesús nos ofrece una vida abundante, es decir, todos los aspectos de nuestras vidas es ser completa con el fin de completar nuestra misión en la tierra. Nuestros carrera, las relaciones y el bienestar contribuyen a la realización de nuestra misión celestial en el reino de la tierra.

Como cristianos debemos utilizar realmente el tiempo que pasamos en la tierra para prepararnos para el día del juicio y de disfrutar plenamente los beneficios de la obediencia a través de la unión con Cristo.

Parabrisas de la fe de Ester

¿Qué es fe?

La fe no es ignorar las circunstancias o problemas, pero el reconocimiento del problema y presentarla a Dios.

La fe es el reconocimiento de Dios en la faz del problema.

La fe es un desarrollo a través de la actuación y conocer la palabra de Dios de acuerdo con Santiago 5: 16-18

La fe no es una ilusión que uno debe saltar a su petición.

La fe es fundamento de las promesas de Dios de Dios. (¿Qué hizo Dios te promete? Que sea tu fe) Salmo 19:13

La fe se refuerza de las promesas de Dios.

La fe se escribe R-I-E-S-G-O.

La fe ha de expresarse a través de buenas obras. Nuestras buenas obras confirman que nuestra fe está viva y activa en nosotros.

La fe no es una idea separada de la vida real.

La fe es producir en nosotros una vida correcta, motivos correctos, el recto pensar y relaciones correctas.

La fe no es futuro, sino el presente. Al ver que se hace para usted.

La fe es lo contrario del miedo.

CINCO Viaje de la vida impulsada por Esther

La fe no se está centrando en las circunstancias actuales, aflicciones, malestar, pruebas y tribulaciones. Por lo tanto evita magnificar estos.

Imagínese a sí mismo que lleva toda la armadura de Dios como ores. Los Judios estaban equipados con fe y sabía que sin lugar a dudas que tenían que ganar la batalla sobre sus perseguidores como Dios les había prometido. Recuerde que usted es más que vencedor en Cristo y no por su propia lucha. Dios le ha destinado como un ganador por medio de Cristo Jesús. No deje que el fracaso te desanime a ver las promesas de Dios, se cumplen. Esa es la promesa de vida abundante, no sólo cosas materiales. ¿Hay algo que está luchando con la vida? ¿Es usted lucha con la toma de decisiones en la vida? Ora!

Sus oraciones están obligados a trabajar. Sigue orando y no dejar de orar. La victoria ya es tuya! Hay un mecanismo de ganar programada en el poder de la lengua. Sus oraciones están garantizadas para trabajar poco a poco, si no inmediatamente, al igual que un agente de elevación utilizados en la cocción.

Una persona sin la armadura de Dios es como un coche sin un cuerpo o estructura. Su vida es estructurado y su fe actúa como escudo para su vida. Su fe defiende la verdad sobre usted contra cualquier mentira. Por ejemplo, hay veces que pueden pensar que su no es suficiente, puesto el escudo de la fe y su visión para su vida será más clara. Su escudo de la fe es un recordatorio para que usted puede hacer todas las cosas en Cristo que es su fuente de fortaleza.

La fe y la creencia van de la mano. Creer es aceptar una verdad o algo que existe y la fe es tener plena confianza y la confianza en alguien. Vamos a descomponerlo. En lugar de sentirse desanimado ahora podemos tener plena confianza y la confianza en el Señor. El escudo de la fe debe ser hasta las dudas en su vida han sido templadas. Hay un sentido completo de la paz y la vida es plena y completa como promesas de Jesús. Ahora podemos ver la importancia de nuestra cooperación con Cristo cuando oramos. Amos 3:3 dice:

¿Andarán dos juntos, si no estuvieren de acuerdo? (Amós 3:3)

Caminar con Cristo significa que ha accedido a seguir sus pasos. Leemos en el Salmo 1:1

Bienaventurado el manwho no anda en el consejo de malos, Ni estuvo en camino de pecadores, ni se sienta en la silla de burladores;

Se le pueden administrar las direcciones equivocadas y caminar en la dirección opuesta a la del Señor. Estos son los momentos en los que Dios parece estar lejos de nosotros o Él no parece estar respondiendo a nuestras oraciones lo suficientemente rápido. Levantar el escudo de la fe y saber que Dios tiene y nunca te dejará.

Mientras yo me ocupaba de un bebé de seis semanas de edad, yo no quería quitar mis ojos de niño. Había una sensación de alegría, incluso viendo el sueño del bebé. Su padre se siente lo mismo por ti, para que nunca apartar los ojos de ti, así que no creas en las mentiras del enemigo en relación con el amor sin fin que Dios tiene para ti. No renuncies a tu fe en Dios que promete restaurar todos los ángulos de tu vida. Su mano no se ha acortado que no se puede salvar. ¡Alabado sea Dios!

Podemos identificar el momento en que nuestro escudo de la fe se pone cuando creemos en las dudas de nuestra mente y suponemos que nuestras oraciones no están funcionando o la situación parece estar empeorando. Empezamos a comprar dentro las mentiras que son utilizadas por las mismas tácticas que el enemigo usa para engañar al mundo hoy en día. Creer es un atributo que requiere práctica y que es aceptar algo que existe o aceptar una declaración de la verdad.

Dios dijo que son más que un vencedor; Dios nos diseñó a ganar y no a fallas, al igual que un coche está diseñado para moverse y se espera que sus componentes para estar en buen estado de funcionamiento. La aceptación de la verdad no es suficiente; tenemos que confiar en el Señor, que sus promesas para nuestras vidas seguramente acontecerá en una cuestión de tiempo. Sigue orando y resultados de la demanda. Ejercer presión sobre la Palabra de Dios y no en el hombre. Mía es la venganza del Señor, de acuerdo con Romanos 12:19. Ejercer presión sobre la. Palabra antes de que el mundo ejerce presión sobre ti.

Al explorar la vida de Esther, nos encontramos con que ella es capaz de encontrar soluciones bíblicas y el apoyo a otros, sin comprometer la verdad como Judia dedicada

Su tarea Unida y la vida piadosa.

Esther puede haber estado lejos de ser una vida de lujo para empezar, pero ella se mantuvo diligente y fiel y esto fue agradable al Señor. Ella recibió el favor tanto del hombre y de Dios. ¿Cómo podemos ser diligentes en el mundo de hoy? Esther través de su niñez trayendo comenzó a ayunar y hacer que la comunidad judía de hacer lo mismo, porque ha creído en el valor del ayuno. Las características de Cristo se revela en su estilo de vida de la humildad, la sumisión a la autoridad, la dependencia y la obediencia de Dios. Vamos a ver en estos más de cerca como se lee en.

Ester era discreta

Su mente estaba enfocada en el buen juicio. Esto lo vemos en el libro de Ester en la que se muestra cauto sobre qué decir al Rey, sobre todo porque el rey no estaba en un buen estado de ánimo. Esther estaba actuando Romanos 12: 2.

No os conforméis a este siglo, mundo transformaos por medio de la renovación de vuestro entendimiento, para que comprobéis cuál sea la buena voluntad de Dios, agradable y perfecta.(Romanos 12:2)

Ella se sometió a hacer lo que Dios requiere de ella. Para vivir en el conocimiento y la sabiduría del Señor. Ester era sumisa / obediente a Mardoqueo su prima sabiendo que ellos sirven un gran Dios, a pesar de que no podían comprender plenamente el plan de Dios para ellos.

En Ester 4:10 Mardoqueo dijo Hadassah (también conocida como Esther), no dar su nombre judío. Con el fin de no causar problemas, Ester no hizo uso de su nombre de Hadassah. Algunos de nosotros tenemos nombres étnicos, pero prefieren utilizar otro nombre por razones personales o lo que sea la razón puede ser. Creo que es similar a la situación de Esther. Ester 2: 5-7 puede ser la pista de por qué el tío de Ester le aconsejó no usar su nombre judío real. La historia social que se deriva de vuelta de hijos de la tribu de Benjamín impactado generación de Esther, ya que era una parte del árbol genealógico. Los Judios de Jerusalén fueron hechos cautivos en la tierra de Babilonia muchos años antes del nacimiento de Esther. Amadatha estaba entre los que trató de que los Judios. aniquilados, durante el reinado del rey Saúl. Dios le dijo al rey Saúl tener los amalecitas destruidos, así como sus posesiones, pero dejó agageo y Amadatha. Como consecuencia de ello, Amadatha dio a luz a Amán que se convirtió en un enemigo de los Judios.

El estigma de ser judía, mientras que viven en la tierra de Susa, Persia, no impidió que los planes de Dios saliera a luz. Dios nos salva y nos prepara para algo mayor. Para que alguien pueda ahorrar algo es una indicación de que se reservan o separar algo o alguien para su uso futuro. Nuestro caminar cristiano puede parecer largo y cansado, pero los mejores días están por venir. En los momentos de angustia, acordarse de quien eres y quién de ustedes son,

Ester tenía reverencia

Respetaba a los que tienen autoridad, sino como hermanos y hermanas en el Señor, no importa su personalidad o su posición. Su vida estaba en orden y que era un logro de la manifestación de Dios al permitir a Dios para ordenar sus pasos.

En Ester capítulo cuatro, el decreto que tiene los Judios muertos fue distribuido a todos los hogares de la provincia. Mardoqueo y el resto de los Judios deben haber sido aterrorizado Algunos vestían de saco, que estaba hecha de pelo y cenizas de cabra. Era una señal de duelo y aflicción profunda que en curso de paso a Byers.

La exposición de la Amán en su vida

Una persona que depende de sus riquezas nunca es 100% satisfecho con ellos mismos. Amán no era feliz debido a Mardoqueo, que le molestaba hasta el punto de que nada más realmente le importaba. De qué le sirve al hombre si gana el mundo entero? La verdadera alegría del Señor es la fuerza de nuestro corazón.

Presión de los pares

Recuerde que no fue idea de Amán para construir la horca para Mardoqueo, pero el consejo de su esposa, en Ester 5:14. La horca había 50 codos, que es 22,9 m de altura. (La Biblia de las Américas, sugiere 75 pies) Mi, oh mi! Sería equivalente a cinco autobuses de dos pisos apilados estándar. La familia de Amán fueron probablemente harto de ver a su Amán tan infeliz y pensó que al deshacerse de Mardoqueo que serían deshacerse del problema.

Ester mostró agradecimiento

Esther sometido a 12 meses de preparación antes de convertirse en reina. Ella mostró su reconocimiento mediante la adopción de un estilo de vida de culto y adoración al Padre.

En La Ruta Al Destino por Prisca Nambuusi

Ester era un buen ejemplo

A pesar de que Esther era el única hermana de su familia, ella era un ejemplo para la nación y, ciertamente, un ejemplo para nosotros tenía su cuenta no ha registrado por nuestro bien. Es muy fácil en estos días para ser llamado un cristiano y para los que le rodean que no ven el valor del cristianismo. Es a través de nuestro estilo de vida que el cristianismo tiene verdadero significado y no puede hacerse a través de las luchas al tratar de ser buena, pero permitiendo que el Espíritu de Dios que nos transforme.

Pues para esto fuisteis llamados, porque también Cristo padeció por nosotros, [a] que nos deja [b] un ejemplo, para que sigáis sus pisadas (1 Pedro 2:21).

Esther era humilde

Ser humilde es ser un niño. Se nos enseña a ser humildes como parte de los principios celestiales. Cuando somos humildes nos liberamos de orgullo y reconociendo que Dios es todo conocimiento.

Y dijo: De cierto os digo, que si no os volvéis y os hacéis como niños, no entraréis en el reino de los cielos.
(Mateo 18:3)

Esther se cometió

Esther se ha comprometido a encontrar la solución bíblica para los Judios que estaban bajo amenaza. Ella podría haber aceptado la pena de muerte pero optó por los preceptos de la escritura a cualquier costo. Sus prioridades se basan en principios bíblicos como una parte importante de sus horarios para la vida. Tenemos que mirar nuestros motivos cuando Dios elige para bendecirnos, como el orgullo puede tratar de saltar y que puede llegar a hacer las cosas en nuestra propia fuerza y por nuestra propia voluntad.

Ester era cooperativa.

Estaba dispuesta a trabajar en equipo en paz y en unidad. Ella fue capaz de transmitir sus pensamientos y sentimientos a los demás de la manera que ella está escuchando a los demás.

O (**lugar de su nombre aquí**)! Guarda lo que se te ha encomendado, evitando las profanas y en desuso y las contradicciones de la falsamente llamada en el conocimiento (1 Timoteo 6:20)

En La Ruta Al Destino por Prisca Nambuusi

Ester era creativa y confiable en el liderazgo

En Ester 1: 8 el Rey mostró pobres habilidades de liderazgo mediante la aplicación de una ley que permitía a su casa a hacer de acuerdo a su propio placer. Se les permitió beber tanto alcohol como se desee. Esto podría llevar a la adicción y extravíos. 1 Corintios 6:10 nos advierte de las consecuencias de beber en exceso.

Ni los ladrones, ni los avaros, ni los borrachos, ni los maldicientes, ni los estafadores, heredarán el reino de Dios. En su lugar se nos instruye a ...

Sed sobrios, y velad; porque vuestro adversario el diablo, como león rugiente, anda alrededor buscando a quien devorar (1 Pedro 5: 8)

Esther, por otro lado retratado buenas habilidades de liderazgo al ser ingeniosa, imaginativa y poniendo sus habilidades para el mejor uso. Sus habilidades y dones fueron dados a ella por la palabra de Dios desde su nacimiento. Ella descubrió sus habilidades y les utiliza las horas extraordinarias. Ella era fiable y confiaban en Dios para usar los dones dados a ella. Ella fue decisiva en sus decisiones basándose en ellos la voluntad perfecta de Dios.

No descuides el don que hay en ti, que te fue dado mediante profecía con la imposición de las manos del presbiterio. (1 Timoteo 1:14)

Es sorprendente cómo procuró Amán los adivinos y hechiceros para elaborar el mejor día para que Judios destruidas. (Ok, al menos, eso no es increíble, pero lo que sucede a continuación es.) Estaban echando un montón, un poco como cara o cruz. Los resultados cayeron en el mes 11, que dio a los Judios casi un año de anticipación para prepararse para la batalla. Eso es todo un año que Amán estaba dispuesto a esperar. A los ojos de Dios, sería tiempo suficiente para que los Judios para recuperarse de la conmoción de las malas noticias que estaban a punto de recibir! La Biblia dice en Proverbios 16:33, que cada decisión es controlada por Dios. Nosotros, como cristianos han de buscar a Dios en nuestra toma de decisiones y no a través de los medios seculares.

En el capítulo tres Ester, Amán engañó al Rey con sus tácticas para conseguir los Judios destruidas a través de un decreto escrito. Cuando se hace un decreto, no se puede cambiar. Poco Rey Ahasureus sabía que él estaba firmando hasta haber matado a su esposa! Nosotros, como cristianos se nos recuerda que somos sellados por el Espíritu Santo y nada por cualquier medio nos debe doler. Es sello de la firma del Señor, cuando le obedecemos que es!

La ciudad de Susa estaba en un estado de pánico y no se le había ocurrido a Esther en ese punto. Sólo sé que Dios está con nosotros en medio de la angustia como lo prometió en el Salmo 91. Aprender a reconocerlo. Dios es más grande que cualquier problema y permite que ciertas situaciones que se llevan a cabo para que podamos aferrarse a él. Esta semana gracias a Dios en oración por todos sus beneficios.

Se determinó Esther

Ella tenía la capacidad de tomar decisiones difíciles frente a la oposición y estaba dispuesta a sacrificar sus esfuerzos. En el capítulo cuatro, reina Ester contempla en arriesgar su vida para ver al Rey. Ella no había sido enviado para, durante un mes y estaba en contra de la ley para ir al Rey, ya que por favor. Ella tomó la decisión de romper las tradiciones, los obstáculos y las reglas para tener a su gente salvaron de los planes destructivos de Amán.

Ester llamó a un ayuno de tres días. Se cree que esto implicaría, no comer ni beber. Es peligroso creer que no necesitamos a Dios en la materia. Dios conoce nuestros corazones, pero nosotros tenemos que actuar en la fe y no en el miedo. Detrás de miedo es un ídolo y detrás de un ídolo es la falta de confianza en Dios.

Hay diferentes razones para ayunar, el ayuno, el ayuno para interceder por un milagro o el deseo de conocer la voluntad de Dios, pero en el caso de Esther fue la necesidad de la libertad de la esclavitud. David en la Biblia declaró un ayuno pero el Señor no aprobaba su ayuno por qué? Descubre por qué esto fue en 2 Samuel 16: 20-19: 8. Esto viene a demostrar que Dios toma nuestro acto de ayuno serio y

CINCO Viaje de la vida impulsada por Esther

otra vez que sólo puede hacerse correctamente pidiendo misericordia, y la fuerza de Dios. Como cuestión de hecho, la primera vez que se produjo rápido era en Éxodo 19: 1-20.

Cuando se pronuncia una rápida comunidad, por lo general es una señal de peligro que viene en percibió desde el hombre o mujer de Dios. Es importante estar en sintonía con lo que Dios nos dice. Él quiere bendecirnos en la progresión y el éxito, por lo que el ayuno prepara nuestros corazones para Él.

La ley afectaba Esther, ya que era un Judio a sí misma. Ella fue al rey y el cetro fue levantado. El cetro es un símbolo nacional de la potencia de la vida y la muerte, ya que se utiliza incluso en cortes reales en la actualidad. A menos que esto se levantó, cualquiera que vaya a la cama grande o extragrande sin el consentimiento sería quitada y. Posiblemente mató con el fin de proteger el rey o la reina

Esther dio un gran paso de fe para ver al Rey. Podía haber sido cualquiera, pero el rey la reconoció y levantó el cetro, a pesar de que no contaba con la aprobación del rey para entrar en su corte.

En el día del Juicio es por nuestro manto de justicia que nosotros identificamos como hijos e hijas de los justos Rey, reconocido por el Padre verdadero, después de haber seguido sus preceptos e instrucciones.

En La Ruta Al Destino por Prisca Nambuusi

O eso, o número de identificación de satanás (PECADO) Mateo 7: 21-23 dice,

"No todo el que me dice: Señor, Señor, entrará en el reino de los cielos, sino el que hace la voluntad de mi Padre que está en los cielos. 22 Muchos me dirán en aquel día: Señor, Señor, ¿no profetizamos en tu nombre, echar fuera demonios en tu nombre, y hecho muchas maravillas en tu nombre? "23 Y entonces les declararé: 'Yo Nunca os conocí; apartaos de mí, hacedores de maldad!
('Mateo 7: 21-23)

En el Salmo 45 dice, Tu trono, oh Dios, es eterno y para siempre; Un cetro de equidad es el cetro de tu reino. La tierra es estrado de sus pies, el cielo es su trono y los elegidos de Dios son su cetro. Somos la justicia de Dios, llamado por sus propósitos y la vida y la muerte están en poder de la lengua. Somos la voz para hablar vida y animar a otros, sino para derrotar al pecado. Ahora vamos a entrar en la presencia de Dios con confianza y como un verdadero hijo de Dios a través de la sangre derramada de Jesús el Cristo.

Esther apareció al Rey y el Rey le salvó la vida levantando el cetro, porque Ester era la novia del Rey. La Biblia nos dice que nadie puede ver al Rey y vivir. Gloria a Jesús en los que la iglesia somos su novia, ha hecho de una manera que nos podemos conectar a Dios.

Así que ven a Dios con confianza y sinceridad. Ser fiel a Dios planea para guiarle en la vida. Habla con Dios a menudo en cada decisión a tomar las promesas de Dios son sí y amén. No permita que el enemigo agresor a salir de la presencia de Dios! Dios te ama y se preocupa por ti.

Esther soportó

Aunque la batalla parecía llevar mucho tiempo, la batalla no era suyo, pero los señores, después de ofrecer su preocupación a él. Tener la resistencia es la herramienta de poder para cumplir la voluntad de Dios.

No nos cansemos, pues, de hacer bien; porque a su tiempo segaremos, si no desmayamos. (Gálatas 6:9)

Esther aprendió a mantener su identidad hasta el momento adecuado para revelarlo. Ella sabía sobre el tiempo del Señor. Los malos, intentaron destruir los Judios, pero los Judios ganaron la batalla. Mi amigo. Jesús ganó la batalla por la que hace 2000 años en la cruz. Reclamarlo para sí mismo y sus seres queridos, ganar todos los aspectos de su vida por medio de Cristo. No luchar contra su propio camino, pero tomar sus preocupaciones a Jesús. Aunque algunas cláusulas políticas y leyes parecen tonto, recuerda aplicar la sabiduría y defenderse a sí mismo con la Ley de Dios, creados por vosotros contra las altas corrientes de este mundo.

Esther era flexible

Ella estaba abierto a las ideas de otros y las instrucciones y fue retada a cambiar su circunstancia, de para lo mejor. Cuando ella oraba, su entorno ha cambiado.

Esther era leal

Ella era leal a aquellos que Dios pone en su vida. Ella adoptó el corazón del sirviente y un corazón de gracia, incluso en medio de la angustia. Ella simplemente comía de lo mejor de la tierra. Rodearse de personas piadosas y se pregunta, que en su círculo de amigos contribuye a tu asignación de trabajo para el Reino de Dios en la tierra. Amán puede haber sido el bebé en el asiento trasero de causar daño, pero Dios lo encaminó a bien.

Bendeciré a los que te bendijeren, y a los que te maldijeren maldeciré; y serán benditas en ti todas las familias de la tierra. (Génesis 12:3)

Como hijos de Dios nos apoyamos en Dios aun a la cara de nuestros enimigos. incluso en la presencia de nuestros enemigos. De repente alguien te ha maltratado. La Biblia el que toca la gente de Dios, toca la manzana de los ojos de Dios. En otras palabras, Dios mismo puede sentir tus penas y dolor, ya que Él está en nosotros. Como hijos de Dios, no debemos estar con miedo a los hombres y dejar que Dios sea Dios.

Hasta la mitad de mi reino

En Ester 7: 1-8, los reyes sólo estan permitidos tener hasta 50 % del Reino para que no hicieran promesas locas de alguna manera. Esther escojió ese momento en particular para exponer la conspiración de Amán y revelar su identidad judía . Nuestra hermana Proverbios 26:27 dice,

El que cava foso caerá en él;
Y al que revuelve la piedra, sobre él le volverá.
(Proverbios 26:27)

En Ester 7: 8 Amán se convirtió en presa del pánico, y posteriormente viola las órdenes de palacio por estar demasiado cerca de la Reina, mientras que cayó sobre el sofá . (Me imagino que esto era su reacción instantánea). Cuando nos damos cuenta de nuestros errores, es importante no actuar de miedo por tomar decisiones precipitadas para tratar de encubrir el error La sangre de Jesús tiene el poder para cubrir sus errores si oculto o expuesto. Adán y Eva trataron de encubrir su error cuando se dieron cuenta de su vergüenza no podía estar en la omnipotencia y la morada de Dios, por lo que fueron enviados fuera del jardín .

Su gloria actúa como un imán, que cuando hacemos lo contrario de lo que Dios nos dice, automáticamente no experimentamos el cielo abierto y la sensación de estar lejos de Dios nos lleva sentimos.

Dios siempre está ahí para reconciliarse con usted. La sangre de Cristo quita ningún obstáculo por lo que volver a su lugar que le corresponde como un verdadero hijo e hija de Dios vivo.

Amán fue colgado en la horca, que él mismo ha creado contra los Judios. "¡Ay!" Es en situaciones como ésta, que la soberanía de Dios por sí sola es suficiente para destruir su enemigos. La presencia de Dios puede destruir yugos. Amán se había ido, pero el decreto, que no podía cambiar, todavía estaba allí. El decreto fue la ley que legalizó el Genocidio en ese momento. Recuerde que el decreto había salido aún a las 26 provincias restantes que el rey reinó sobre Jerez, por lo que los otros Judios en varios lugares de la tierra también se vieron afectados.

Hay que contentarse con la santidad y para imitar la verdadera naturaleza de Dios. No podemos hacerlo solos. Cada uno y todos los días que se vuelven más y más como Cristo. Gracias a Dios por la sangre de Jesús. Una pena que merecíamos, Él intervino y pagó por nosotros, para que todo aquel que en él cree será salvo de la oscuridad y las tramas ocultas del hombre. Conocer la verdad es lo que nos hace libres.

CINCO Viaje de la vida impulsada por Esther

Que el Señor enriquecer continuamente a crecer en el amor y en el pleno conocimiento de Cristo. Que este año restante se llenará de luz para ver desentrañar el plan de Dios. Vengo contra la confusión y la duda y declaro mente sana, la paz y la justicia en nombre de Jesús. Amén.

Resumen para el capítulo cinco

¿Quién contribuye a su asignación celestial?

Busque el dador de los dones no regalos.

No es a través de la riqueza que puede tener el 100% de satisfacción.

Interceder por el pueblo de Dios, para que tengan el valor para correr sobre sus problemas con cuidado.

No comprometa con quién está, destaque.

Tome sus preocupaciones al Señor, ven a Dios con confianza y sinceridad. Pide al Señor que le muestre cómo orar fervientemente.

La convicción de pecado sólo es la misericordia de Dios extendido a usted. No deje que el agresor enemigo lo saque de la presencia de Dios.

CINCO Resumen para el capítulo cinco

Conclusión

Dios está interesado en todos los aspectos de nuestras vidas. Un novio reconoce su novia a punto de leer sus expresiones faciales para las preocupaciones, al igual que el rey de Jerez fue capaz de reconocer las preocupaciones de Esther al entrar en la sala del tribunal. Recuerde que la costumbre de las mujeres, era asegurarse de que llevaban velos para cubrir su cabeza. Nosotros también podemos aprender a leer las señales de Dios, así que no se pierdan. Puede tomar tiempo para aprender sus señales y así la comunicación con el Padre es la clave.

La Biblia habla de tener el velo y la escala eliminado de nuestros ojos. Durante el tiempo en que el templo fue destruido, Jesús rasgó el velo, espiritualmente somos capaces de ver las cosas en perspectiva de Dios cuando nos constantemente el check-in con el Padre. La Novia de Cristo debe ser transparente para el Señor a través de la sinceridad en la oración y el ayuno que es agradable al Señor. Los tiempos difíciles que se enfrentan a permitirnos orar con sinceridad y no rutinaria o por medio de rituales religiosos, por lo que nuestras oraciones al Padre único y personal.

El novio

El novio hace tiempo para disfrutar de su novia. Hay momentos para celebrar la alegría del Señor y las cosas buenas que nos ha comprado a través. La parte más triste de la humanidad es cuando estamos tan atrapados en el negocio de la vida que no nos damos tiempo para disfrutar de la simplicidad de la vida, y es como si hemos optado por el amor de nuestro trabajo, dinero y lo que no. La renovación de nuestra mente con la limpieza de la sangre de Jesús es importante, si deseamos tener vida en abundancia. La línea de meta para la carrera es el día del Juicio, por lo que el tiempo es asignado para ser preparados y seguir a través de la guía de Dios. Como cristianos aprendemos de interrumpir cualquier aspectos innecesarios que tratan de robarnos nuestra posición en el cielo.

He aquí, yo vengo pronto; retén lo que tienes, para que ninguno tome tu corona. (Revelación 3:11)

Vishti tenía su corona eliminado debido a carácter inaceptable, que no protegió a sus valores morales como la reina y por lo tanto fue enviada lejos. Es cierto que hay ciertas personas que se regocijan en su fracaso. Se aprende a ser humilde y ejercer presión sobre la palabra y no en el individuo.

CONCLUSIÓN

Pero yo os digo: Amad a vuestros enemigos, bendecid a los que os maldicen, haced bien a los que os aborrecen, y orad por los que os ultrajan y os persiguen; (Mateo 5:44)

Los planes de Dios para su vida son enormes y no todo el mundo es capaz de manejar una tarea enorme en la etapa que pueden estar en, pero Dios confía lo suficiente como para revelar sus sueños para su vida. Rey confió en Jerez Amán al principio, pero amó a Ester y fue fiel a los principios de uso doméstico, lo que significaba que no podía prescindir de Amán, porque era una amenaza encubierta, que era el bebé en el asiento trasero del vehículo para llevar el plan de Dios.

Sea consciente de sus motivos. ¿Sus motivos agradan a Dios, usted o la gente? Es muy fácil hoy en día para comprar en mentiras sin darse cuenta, comprobando constantemente con la palabra de Dios y asegurarse de que sus acciones están en línea con la palabra. Gracias a Dios por nuestra conciencia que cuando el Espíritu Santo nos convence, le corresponde a nosotros para corregir nuestras decisiones, porque Dios es el juez último de reinar en nosotros.

Sobre el Autor

Prisca Nambuusi, una joven autor a del cudeste de Londres siguió una carrera de escritora al final de sus estudios de post-grado, Arquitectura Técnica, y está tratando de ayudar a construir la conexión entre las luchas de la vida y la Palabra de Dios, mediante el uso de la vida básica principios. Prisca tiene un profundo amor por el país del Reino Unido y Uganda a su lugar de nacimiento. Prisca pretende inspirar y edificar al lector mientras se connota la raza humana con la analogía de un coche y su acumulación. Su pasión para leer y su ortografía a partir de una edad joven no había cesado desde entonces y siempre está mirando para maximizar sus potenciales y ayudar a otros a hacer lo mismo.

Prisca ha pasado más de dos años como voluntario como peer-mentora y peer-entrenadora en una organización de caridad sin fines de lucro, cuyo objetivo es ayudar a los jóvenes a superar situaciones difíciles y ayudarles a maximizar su potencial y alcanzar sus sueños y aspiraciones.

La pregunta número uno que me hacen mucho es, "¿alguna vez encontrar la luz al final del túnel, a pesar de la situación que estoy ahora?"

Esta pregunta se convirtió en una carga, y con el tiempo en mis manos me hizo una prioridad para buscar respuestas. Siempre me dijeron que hacer las preguntas correctas es importante. Así que decidí abordar esta cuestión con la sub-preguntas. Explorando el tema en la perspectiva de Dios sería la mejor manera de abordar estas cuestiones, ya que Él es la fuente de la vida.

Antes de poner este libro en conjunto, me había volteado a través de mis tres años el valor de notas y me quedé sorprendido de la cantidad de información que había tomado en. Desde luego, no quiero tirar cualquiera de ellos lejos. Me inspiré para convertir mis notas en un libro y lo más importante para animar a otra persona en lugar de mantener las cosas buenas para mí misma.

Estoy honrado de ser capaz de escribir este libro hoy como resultado de obedecer al Señor y le consulta acerca de las pequeñas decisiones que hacen una gran diferencia en el largo plazo. En la debilidad de cada persona hay duda es una fuerza oculta. Yo sé que mi colaboración de notas sin duda le va a fomentar, si usted está tratando de mejorar la calidad de su vida. "
Me encontré con una famosa cita de Eugene V. Debs.

Sobre el Autor

"Es mejor votar por lo que quiere y no tenerla que votar por lo que no quiere y lo consigue. (Véase las notas finales de la fuente).

Es verdad. Debemos hacer nuestra parte en la tierra y nuestra pequeña contribución de un "sí" y el "no" hace toda la diferencia. Reyes y reinas aprueban una idea antes de que suceda. Estamos llamados al sacerdocio real, conforme a los principios celestiales que debemos aprender a respetar por todas las bendiciones y beneficios del Reino redondas. Cuando decimos sí o no estamos permitiendo o desaprobar ciertas circunstancias en nuestras vidas a suceder. Di no al diablo cuando se comprende su táctica. El Señor dice que debemos ser sabios como serpientes y lo hacemos confiando en la última guía y las instrucciones del Señor. Siga preguntando por direcciones, no sólo en el comienzo de su viaje, pero a lo largo de su viaje.

P. nambuusi

Notas finales (Endnotes)

New International Bible Dictionary
copyright © 1963, 1964, 1967 by Merrill C. Tenney
Copyright © 1987 by Zondervan
Formerly titled *The new International dictionary to the Bible.*

Chapter one:
Water: www.nestle-waters.com/healthy.../water-fonctions-in-human-body

"Energy cannot be created or destroyed, it can only be changed from one form to another." ~ Albert Einstein
Source taken from: http://www.goodreads.com/quotes/4455-energy-cannot-be-created-or-destroyed-it-can-only-be

Chapter two: Russian proverb "cut once measure twice."
Source taken from: https://idiomation.wordpress.com/2014/03/14/measure-twice-cut-once/

En La Ruta Al Destino

Anticipando el viaje al destino
Recomendado por Richard Appiah [Rev.]

Prisca K. Nambuusi

Publicado por Authentic Authors UK

¿Tienes preguntas?

Me gustaría oírte. Envíe sus pensamientos por correo electrónico ainfo@prisca-nambuusi.com

Comparte tus opiniones sobre este libro en Amazon y en línea en**www.prisca-nambuusi.com**

En Route to Destiny by Prisca Nambuusi

www.ingramcontent.com/pod-product-compliance
Lightning Source LLC
Chambersburg PA
CBHW070624300426
44113CB00010B/1649